国家出版基金项目
新闻出版改革发展项目库项目
江苏省"十二五"重点图书出版规划项目

《扬州史话》编委会

扬 州 史 话

主编 袁秋年 卢桂平

扬州盐业史话

王自立 著

广陵书社

图书在版编目（CIP）数据

扬州盐业史话 / 王自立著. -- 扬州 : 广陵书社,
2013.12
　　（扬州史话 / 袁秋年，卢桂平主编）
　　ISBN 978-7-5554-0056-1

　　Ⅰ. ①扬… Ⅱ. ①王… Ⅲ. ①盐业史－扬州市 Ⅳ.
①F426.82

中国版本图书馆CIP数据核字(2013)第297747号

书　　名	扬州盐业史话	
著　　者	王自立	
责任编辑	胡　珍	
出版发行	广陵书社	
	扬州市维扬路 349 号　　　邮编　　225009	
	http : //www.yzglpub.com　　　E-mail : yzglss@163.com	
印　　刷	江苏凤凰扬州鑫华印刷有限公司	
开　　本	730 毫米 ×1030 毫米　1/16	
印　　张	12.25	
字　　数	170 千字	
版　　次	2014 年 3 月第 1 版第 1 次印刷	
标准书号	ISBN 978-7-5554-0056-1	
定　　价	42.00 元	

城市的情感和记忆

——《扬州史话》丛书总序

城市是有情感和记忆的。

特别是扬州这座历史文化名城,只要一提及"扬州"二字,无论是朝夕相守的市民,还是远离家乡的游子,或是来来往往的商旅,几乎都会流露出由衷的感叹和无尽的思念,即如朱自清先生在《我是扬州人》中所说:"我家跟扬州的关系,大概够得上古人说的'生于斯,死于斯,歌哭于斯'了。"朱先生的寥寥几笔,看似平淡,满腔的情感却在字里行间奔涌,攫人心田。可见,扬州这座城市之所以素享盛名,不仅仅在于她的历史有多么悠久,地域有多么富饶,也不仅仅在于她从前有过怎样的辉煌,现在有着怎样的荣耀,更在于人们对她有着一往情深的眷念,以及由这种眷念牵连出的耿心记忆。

情感和记忆,是这座城市另一种意义上的财富,同时也是这座城市另一种意义上的标识。

2014 年,扬州将迎来建城 2500 周年的盛大庆典。其实,更严格地说,2500 年是有文字记载的建城史,扬州人类活动的文明史远远不止于此。早在距今 5500~7000 年前,高邮龙虬庄新石器时期的先民就开始了制作陶器和选育稻种。仪征胥浦的甘草山、陈集的神墩和邗江七里甸的葫芦山也都发现 3000~4000 前的商周文化遗址。我们之所以把 2014 年定为扬州建城 2500 年,是因为《左传》中有明确的记载:周敬王三十四年(前 486):"吴城邗,沟通江淮。"这七个字明确地说明了吴国在邗地建造城池,也就是我们今人时常提及的古邗城,于是,公元前的 486 年,对扬州人来说,就成为一个永久的记忆。这句话还说明了另一件永远值得记忆的历史事件,就是这一年,京杭大运河最早的一段河道——邗沟在扬州开凿了。邗沟的开凿,不仅改变了扬州社会发展的走向,也改变了古代中国的交通格局,这一点,也是人们的永久记忆。正是由于有了邗沟,有了后来的大运河,才使得扬州进入了社会发展的快速通道,成为中国古代交通的枢纽,成为世界文明发展史上一座十分重要的城市。

扬州这座城市,承载着太多的情感与记忆。于是,一批地方文史学者一直以扬州史料的搜集、整理、研究为己任,数十年坚持不懈。他们一直在探求扬州这座历史文化名城从远古走到了今天,在中国文化史上留下了哪些令人难忘的脚印? 在中国发展史上有哪些为人称颂的作为? 在当代社会生活中又有哪些发人深省的影响? 我们今人应该怎样认识扬州文化在中国文化版图上的定位? 怎样认识扬州文化的特色和本质? 以及扬州文化对扬州城、扬州人的影响又该怎样评说? 等等,这些都是极富学术含量的科研课题,也是民众极感兴趣的文史话题。日积月累,他们的工作取得了令人瞩目的成果,大量的文稿发表在各类报刊杂志上。这些成果如同颗颗珍珠,十分珍贵,却又零散,亟需编串成光彩夺目的项链。适逢2500年的建城庆典即将来临,把这些成果编撰成丛书,让世人更全面、更系统地了解扬州的历史与文化,无疑是建城庆典的最好献礼。

由此,《扬州史话》丛书便应运而生了。这套丛书的跨度长达2500年,内容涵盖了沿革、学术、艺术、科技、宗教、交通、盐业、戏曲、园林、饮食等诸多方面,应该说,扬州文史的主要方面都有涉及,是一部相对完整地讲述扬州2500年的历史文化丛书。这套丛书2009年开始组稿,逾三年而粗成,各位作者都付出了辛勤的劳动。编撰过程中,为了做到资料翔实,论述精当,图文并茂,每一位作者都查阅了大量的文献资料,吸纳了前人和今人众多的研究成果,因而,每一本书的著述虽说是作者个人为之,却是融汇了历代民众的集体记忆和群体情感,也可以说是扬州的集体记忆和群体情感完成了这部丛书的写作。作者的功劳,是将这种集体记忆和群体情感用文字的形式固定下来,将易于消逝的记忆和情感,化作永恒的记述。

《扬州史话》丛书是市委市政府向扬州建城2500周年的献礼之作,扬州的几任领导对丛书的编纂出版都十分重视,时任扬州市委副书记的洪锦华同志亲自主持策划并具体指导了编纂工作。这套丛书，也可以看作是扬州的索引和注释，阅读它，就如同阅读扬州这座城市。扬州城的大街小巷、湖光山色，扬州人的衣食住行、喜怒哀乐，历史上的人文遗迹、市井掌故，当代人的奋斗历程、丰功伟绩，都可以在这套丛书里找到脉络和评说。丛书将历史的碎片整理成时空衍变的轨迹，将人文的印迹组合成城市发展的画卷，在沧桑演化中，存储正在消亡或即将消亡的历史踪影，于今昔变迁时，集聚已经形成和正在形成的文化符号。

岁月可以流逝，历史不会走远。城市的记忆和情感都融汇到这套丛书里，它使得扬州人更加热爱扬州，外地人更加了解扬州，从而存史资政，熔古铸今，凝心聚力，共创未来。未来的扬州，一定是江泽民同志题词所期望的——"古代文化与现代文明交相辉映的名城"。

是为序。

袁秋年

2012年12月

目 录

引言　扬州盛衰　皆因淮盐

俗话说，开门七件事，柴米油盐酱醋茶，其中的盐即指食盐，说明了盐在百姓生活中不可或缺的重要地位。2009 年 9 月，首次在中国举行的第九届世界盐业大会的主题就是——"盐，生命之本"。

回顾扬州盐业发展的历史,似乎从来没有直接以"扬盐"来命名过,长期以来,"两淮之盐"、"淮盐"之名已成为扬州盐业不可替换的名字。之所以有这样的说法,是因为扬州所管辖的盐,是指淮河以南的淮南、淮河以北的淮北之沿黄海产盐地区即两淮盐区所产的海盐。因为无论是生产、运销、管理,扬州始终是两淮盐区的中心,故而从某种意义上说,"扬州盐业"实际上就是指"两淮之盐",这也早已成为一种约定俗成的看法。

两淮产盐的肇始,应在春秋时期即公元前514年前后的吴王阖闾执政之时。当时,包括今天扬州在内的吴国沿海地区,曾经因为大量生产海盐而致富饶。不过,历史上更多把此时此地所产之盐称为"吴盐"。

真正的淮盐之兴,是在汉高祖十一年(前196)吴王刘濞定都扬州之后,则是可以确定的事。《史记·吴王濞传》记载:"会孝惠、高后时……濞则招致天下亡命者盗铸钱,煮海水为盐,以故无赋,国用富饶。"为了运输出产量越来越大的海盐,大约在吴王夫差十年(前486)开挖邗沟300年之后,刘濞还在疏通吴王夫差开凿邗沟的基础上,又开挖了邗沟支道,连通了扬州湾头与泰州、南通盐场之间的航运。从此,扬州不仅多了一条"运盐河",也多了一条通向外面世界的新渠道。可以说,刘濞对扬州盐业乃至扬州城市的发展起到了先导的作用——位于今天蜀冈之上当时的广陵邗城,已经在刘濞"煮海铸钱"带来的富饶之时,成为一座百姓富足、市井繁华的名城。

东汉到魏晋南北朝时期,两淮盐区的制盐技术不断得到提高,产量同步增加,扬州盐业继续发展。但由于政权交替频繁,政策变化多端,特别是战火连绵不断,扬州城市并没有得到与之"全盛之时"相适应的同步发展。相反地,公元459年,刘宋王朝兄弟同室操戈,扬州城惨遭屠城,成为鲍照笔下的"芜城"。

随着黄海岸线的不断东移,历史上原来可以用来煎盐、晒盐的滩涂、海岸都逐渐成为陆地,不再具备生产海盐的条件。因此,从隋代之后,扬州不再作为重要的产盐基地影响全国盐业生产。但是,也就是从隋代起,扬州作为全国盐业运销中心的地位却在不断得到巩固和提高,为唐代扬州盐业乃至扬州城市发展进入又一个繁盛时期奠定了坚实的基础。这源自另一位曾经在担任扬州总管十年后成为皇帝的杨广——隋炀帝,归功于他开挖的大运河。

杨广刚当皇帝不久的大业元年(605),就开始兴修水利工程。他先是开凿通济渠,直接沟通黄河与淮河的交通,再改造邗沟,继而又开凿永济渠和江南运河,北通涿郡(北京),南达杭州。连同公元 584 年开凿的广通渠,形成一个多支流的运河系统——扬州就是这个水系之中一个十分重要的沟通点。大运河的开通,沟通了长江、淮河、黄河、海河、钱塘江等一条条孤立的水系,方便了南北通商、货物往来,从而促进了当时乃至之后千年的南北经济的发展、文化的交流。因此,以扬州为中心的两淮盐区所产之盐,除了保证当地的食用之外,后来还可以逐步行销到巴蜀、湖广、赣闽等地,扬州盐业逐步成为重要的经济支柱产业,并促进了商业的繁荣。

唐代的扬州,除了水路运输的优势,又增添了一个更加重要、不可多得的优势,那就是朝廷在扬州“设转运、发运等使,并驻节于此,以经理其事”。从唐肃宗乾元元年(758)第五琦来到扬州首任诸道盐铁使、创立了由国家统购统销盐斤的“榷盐法”开始,到后来刘晏出任盐铁转运使,改革了第五琦创立的榷盐法,由民制、官收、官运、官销的直接专卖制,改为民制、官收、商运、商销的间接专卖制,即对后世产生了深远影响、历代“盐法之善无过于此”的“就场专卖制”。刘晏此举大大促进了扬州盐业的发展,既取得了两淮盐区十年之中盐利增值超过十倍、有效保障军国所需的财政效益,也取得了“民得安其居业”、人口持续增长的社会效益——扬州因此进入了历史上最为繁盛的时期,逐步成为东南地区包括盐运、漕运和其他水运在内的运输枢纽、转运中心,赢得了“扬一益二”的美誉,并在唐朝至清朝的数百年间持续成为中国的经济、文化中心，引得大大小小的诗人都在扬州留下了动人诗篇，当然，最著名的就是李白的那句"烟花三月下扬州"了。

也正是在唐代，扬州盐商（也称为"两淮盐商"、"淮商"）开始真正崛起。由于关中地区原本从事农业、商业的富户们，都变换家产投资盐业进而成为盐商，因而出现了一些势力大、影响大、利润大的大盐商。随着盐商们获得的利润越来越丰厚，他们的地位也越来越高、影响也越来越大，盐商们的生活越来越铺张豪华、奢侈矜贵。从唐代推行榷盐法开始，盐商一跃而成为有别于其他诸如米商、木材商等的特权商人，成为一个新的特殊阶层——事实上，他们已经成为影响封建王朝政治、经济的一种举足轻重的力量，他们的生活方式，也直接影响着扬州市民生活和市民文化的形成，唐代大诗人白居易因此还留下了《盐商妇》的诗句。

宋元之际著名历史学家马端临在《文献通考》中指出："本（宋）朝就海论之，惟是淮盐最资国用。"诚如斯言，有宋一代，因为拥有当时先进的生产技术和制盐工艺，两淮一带的淮盐产区（主要是指扬州路治下的通州、泰州、楚州、海州和涟水军）海盐年产量约为 65000 吨，可占全国食盐总产量的 40% 左右，所以时人称为："国家煮海之利，以三分为率，淮东盐利居其二。""折中法"、"官般官卖法"（简称"官般法"）的实施，特别是"折博仓"、"折博务"等机构的设立，使得扬州水路运输盐量又有了增加，更使得瓜洲、真州（今仪征）也逐步成为当时重要的海盐转运港口，极大地推动了扬州及周边地区商业经济的发展。这一时期，文人学者、达官贵人纷纷来到扬州，吟风弄月、诗酒唱和，留下了许多传诵至今的美好故事。

金兵南下的南宋时期，军事重镇、经济重镇的扬州成了宋高宗的"行在"，短时间内成为全国的政治乃至经济、文化中心。以扬州为集散中心的淮盐也继续成为南宋经济的重要支撑，榷货务、卖钞中心这样的中央机构也在扬州、真州设立了分支机构。但由于接连不断的宋金战争，扬州盐业经济逐渐萧条，扬州城也遭受浩劫，成为"废池乔木"的"空城"，词人姜夔因此留下著名的《扬州慢》一词。

元代灭宋之后，朝廷非常重视以扬州为中心的两淮盐业，在扬州设立了两淮都转运盐使司，并在真州等处设置了掌批验盐引之职的批验所。同时，当时日臻成熟的海盐煮煎工艺也促使两淮地区盐产量连续大幅度增加。因此，到天历二年（1329）时，两淮盐区 29 个盐场总产量最高已达到"额办正余盐九十五万七十五引，计中统钞二百八十五万二百二十五锭"，即当年产盐 3.8 亿多斤，按照每锭值银 50 两计算，即两淮盐运司下辖盐场当年的销盐总收入为 1.425 亿多两白银。为了减轻运输铜钱的负担，在扬州出现了最早使用的银元宝，也出现了金额较高的盐引，扬州的金融贸易因盐业而兴盛起来，扬州城市也因盐业发展再度繁华，来到扬州的意大利旅行家马可·波罗在其《东方见闻录》（《马可·波罗游记》）中夸赞说："此扬州城颇强盛……是偶像教徒，使用纸币，恃工商为活。"

但是，后来元朝政府想通过大量增发盐引，不断提高盐价，以增加盐课收入，造成了盐政制度的极大混乱，元朝前后期的盐价竟出现了近十六倍的差价，让百姓食盐、盐民产盐、盐商销盐都相继出现极大的困难，终于激起了两淮盐贩张士诚等多起盐民起义，并由朱元璋最终推翻了元朝政权，因而史家称之为"元朝亡于盐政之乱"。此时的扬州城，又一次成为朱元璋、张明鉴等多方争夺的战场而再成空城，留下了"整个扬州城人口仅剩下十八家"的说法，对比元代中期扬州"壤地千里，鱼盐稻米之利擅于东南，为天下府库盖将百年"的盛况，不禁令人唏嘘不已、感慨万端。

明代，两淮盐场又有增加、调整，已达到 30 个，每年的产盐总量约可达到 1.5 亿斤，可占当时全国产盐总额的十分之三，行盐地域继续保持宋、元时期的范围，因此，两淮盐业仍为全国盐业的重点所在。而且，由于明朝初年即开始实行"开中法"，来自山西、陕西和安徽等地的盐商移居扬州，从此，扬州盐商群体真正在扬州崛起，并以其地域结构的多元性、文化元素的多样性、组成人员的多重性而立足扬州、影响全国——扬州的经济与文化也因此增添了更加丰富多彩的内容。

明代中期起，盐政积弊成患，为疏销历年积引，万历四十五年（1617）九月，户部郎中、以按察使署理两淮盐政的袁世振来到扬州，开始推行"纲盐法"。从此官不收盐，由商人和盐户直接交易，收买运销权都归于商，并可以世袭。也就是说，这种官督商销制度，就是招商包销制。政府把收盐运销之权一概交给盐商（纲商），为民制、商收、商运、商销。从此，纲商垄断了盐引和引岸的一切权力，扬州盐商获利更巨、资财更丰、影响更大。正如韦明铧在《两淮盐商·两淮盐业述略》中所说："他们建楼宇，筑园亭，美服饰，精肴馔，养清客，蓄优伶，玩古董，工博弈，一切声色犬马的玩意儿他们莫不爱好。"这种炫耀性、奢侈性的消费是一把双刃剑——它在毒化和污染社会风气的同时，也促进了建筑业、餐饮业、服装业、珠宝业、服务业等行业的迅猛发展，推动了扬州城市的空前繁荣。

明末清初，因为战乱导致扬州盐业经济遭受沉重打击，特别是清兵攻入扬州城之后疯狂屠城的"扬州十日"之后，扬州盐业与城市发展同步降到了衰竭的冰点。但是，由于扬州在两淮盐业中的特殊地位，特别是两淮盐区乃全国最大的产盐地区，淮盐质高味美，销售区域广、利润高，所以仍然能够吸引许多外地商人来此经营盐业；加之从顺治二年（1645）起清政府对两淮盐政实施整顿，抚恤灶民、盐商，修复盐场，增添设备，并沿袭明代旧制在扬州设立两淮巡盐御史，加强管理，从而使得扬州盐业又迅速恢复到明代的水平，并进而在康熙、雍正、乾隆年间达到了鼎盛的巅峰。到乾隆、嘉庆年间，两淮盐区产量最高达二百万引，折合为七八亿斤，占全国盐产量的三分之一，是明朝最高产量的三四倍，由此政府从中获取了巨额的盐课收入。

与此同时，扬州盐商也积累了令皇帝都感叹"富哉商乎，朕不及也"的巨额财富。他们亦儒亦商的特点，既使他们具有扶持文化、提倡教育、热心公益事业的特点，又使他们"衣服屋宇，穷极华靡；饮食器具，备求工巧；俳优伎乐，恒歌酣舞；宴会嬉游，殆无虚日；金银珠贝，视为泥沙"。而通过他们奢侈性的消费，扬州城市显现出园林众多、别墅多样、商业繁荣、文化发达的显著特色，也显现出特有的奢靡和浮华，呈现出在封建时代落日之前最后的辉煌。清人黄钧宰曾在当年就发出了"扬州繁华以盐盛"的感叹，他亲身感受的不仅是扬州当时盐业经济对国计民生的巨大影响，而且，他也亲眼目睹了扬州盐商享乐生活的奢侈靡费。

到了嘉庆、道光之际，两淮盐务弊端日趋严重，几乎到了积重难返的程度，扬州盐业也因此在这一时期走向了衰落，并由此引发了陶澍"废纲为票"的"票盐制"改革。废除"纲法"改行"票法"，取消引商专卖制，招商行票，就场征税，使得两淮盐场由"商疲、丁困、引积、课悬"的危困局面，转变为"盐销、课裕、商利、民便"的兴盛形势。也是因为实行"票盐制"改革，扬州盐商对盐业经济的垄断地位被彻底打破，扬州盐商日显衰相。同时，由于扬州盐商过度的奢靡性消费而导致资金周转困难，以及封建政府对扬州盐商的盘剥、压榨，还有咸丰年间太平天国运动的爆发，两淮产盐区与销地成为太平天国、清政府争夺的重要地区。再加上由于海岸线的东移，淮南盐产区的衰落，两淮产盐重心由淮南移至淮北，扬州盐商在盛极之时最终彻底

个园内"壶天自春"楼

衰落,扬州盐业的地位和影响不再,扬州城市经济也像一座被掏空了的摩天大楼随之轰然坍塌。

今天,扬州的盐业在历经雨打风吹之后,已经积淀成古城中一座座风韵犹存的宅园,幻化为市井间一个个引人入胜的传奇,扬州盐文化正以其独特的魅力,吸引着海内外的人们去探胜、猎奇和深究。对于今天和未来的扬州来说,封建社会的扬州盐业已经在辉煌之后彻底没落,但因之而产生的扬州盐文化却光芒不减,不会消亡——衣食住行、琴棋书画,今天扬州人生活的方方面面,仍然能寻找到当年那些盐的味道、盐的影响……

卢氏盐商住宅

第一章　擅利巨海　以致饶沃

——先秦到魏晋南北朝时期的扬州盐业

两淮产盐,肇始于在春秋时期即公元前514年前后的吴王阖闾执政之时。而真正的淮盐之兴,是在汉高祖十一年(前196)吴王刘濞定都扬州之后。刘濞"煮海铸钱",开挖运盐河,使扬州成为一座百姓富足、市井繁华的名城。

第一节 不产盐的扬州城内为何会建有盐宗庙

——先秦时期的扬州盐业

古城扬州,旧城东南的南河下,古运河大水湾的西岸,有一大片被称为"康山园"的清代扬州盐商的豪宅大院。其中一幢位于康山街 20 号的院落虽不引人注目,但在中国盐文化史上却具有举足轻重的地位,它就是时任两淮盐运使的方浚颐于晚清同治十二年(1873)下令建造、至今国内唯一保存完好的盐宗庙——扬州盐宗庙。

扬州盐宗庙外景

中国古代,人们给万事万物都赋予了护佑它的神灵;三百六十行,行行都能找到各自的祖师爷、开山鼻祖,比如门有门神、灶有灶神,木匠祭鲁班、铁匠拜老聃。认祖归宗,是中国传统文化能够薪火相继、传承不息的一个重要原因,盐宗庙就是祭拜盐神和制作、销售、管理食盐宗师的地方。由于中国古代并没有确立一位明确的盐神,最多也就是无名无姓的叫做"盐婆婆"或"盐爷爷"。当年,两淮盐区的盐民认为,盐是盐婆娘娘的恩赐,因此盐民们以农历正月初六为盐婆娘娘的生日,同时也是盐的生日。过去,每逢正月初六清晨,盐民全家都要到滩头或风车头放鞭炮、"烧盐婆纸",祷告盐婆显灵开恩,保佑当年产盐多、盐粒大、盐花白。然后,盐民们则会手持锹、锨等工具到滩上或转转风车,或挖几锹泥,动一

盐宗庙供奉的夙沙氏、胶鬲和管仲塑像

动盐席，做象征性的开工，这是盐民们祈求和感谢盐婆娘娘的恩赐的一种特殊形式。于是祭拜盐之始祖的庙宇便被称为"盐宗庙"而不是"盐神庙"了——

盐神不确定，但制作、销售、管理食盐的宗师还是可以明确的。拍摄于扬州盐宗庙的这张照片，让我们可以清楚地看到，盐宗庙当中一共供奉着三位先人，分别是夙沙氏、胶鬲和管仲，他们是中国古代与食盐的制作、销售和管理等最早源头相关的三个重要人物。

夙沙氏，也写作"宿沙氏"，传说是远古炎帝、黄帝时期的先民，距今已有四五千年之遥。早在 2300 多年之前编写的、战国时期的史书《世本》之中，就有关于夙沙氏煮海为盐的记载—— 这也是现

夙沙氏塑像

今可以发现的我国最早的关于人工制盐的记载——"黄帝时,诸侯有夙沙氏,始以海水煮乳,煎成盐。其色有青、黄、白、黑、紫五样"。夙沙氏煮海为盐的故事被后人视为中国人工制盐之始,因而夙沙氏也被尊为中国盐之始祖,是扬州盐宗庙中供奉着的三位先人当中距今年代最为久远的一位。也正是因为年代久远,甚至对于夙沙氏到底生活于远古的什么时期,对于夙沙究竟是一个氏族的名称抑或是一个人的名字,至今都还没能得到一个最为确切的答案——东汉许慎的《说文解字》称"古者夙沙氏,初作煮海盐"(清段玉裁《说文解字注·盐条》);《艺文类聚》卷11引《帝王世纪》云:"炎帝神农氏诸侯夙沙叛不用命,箕文谏而杀之,炎帝退而修德,夙沙之民自攻其君,归炎帝";在宋代罗泌所撰的史书《路史》之中,引用宋衷的注释则说:"夙沙氏,炎帝之诸侯";而到了宋太宗下令编写的《太平御览》中,则有这样的内容:"宿沙卫,齐灵公臣。齐滨海,故卫为渔盐之利"——书中连"夙沙"的名字,也有了变化,被写成了"宿沙"。另一本题为《世本》的书中还记载有将夙沙写成"质沙"的情况——"夙沙,黄帝臣……一作质沙,《说文》作宿沙"(《丛书集成初编》史地类《世本八种》)。

人体对盐的摄取,一般是通过这样三种主要渠道而获得的:一是自然状态食物所含自然盐分,二是人类加工食品所添加的盐,三是烹调过程或进食时加入的盐。在能够直接利用食盐之前,人们获得盐的途径只是第一种。

事实上,早在人类出现之前,地球上就存在自然状态的盐土、盐泉、盐湖、盐岩等,盐的历史比人类历史更加久远。人类最早从什么时候开始食用盐的具体时间已无法考证,中国古代先民最早从什么时候开始使用食盐,迄今也没有史籍记载或考古发现可以确切说明。但是,可以肯定的是,在夙沙氏之前的原始采集渔猎时代,应该就有无数的古代先民,像动物舔食含盐的岩石、泥土等以获得盐分一样,像神农氏遍尝百草而发现药材一样,不断地、随机性地品尝着、分辨着、总结着,直到逐渐发现盐分较多、咸味较浓的海水、咸湖水、盐岩、盐土等物质,并逐步集中从此类物质中获取可供食用的盐分。

上古时代,相当长的一段时期内,人类和其他动物一样,只会食用自然盐。从地域分布上来说，中国古代先民最早发现并食用盐的地区和种类大致有位于今天山西的池盐、四川的井盐、西北地区的岩盐和东部沿海地区的海盐——这些都属于大自然恩赐的自然生成可供食用的盐。

对于自然盐和人工盐，虽然形态相似、味道相近，但古人却将它们区分得非常清楚，按照当年《说文解字》作者许慎的解释："盐，卤也。天生曰卤，人生曰盐。""天生"的盐，就是天然形成的盐，被称作"卤"；"人生"的盐，就是经过人工加工形成的盐，才被称作"盐"。因而司马迁在《史记》中才有"……山东食海盐，山西食盐卤……大体如此矣"的记述。而用最为简便的望文生义的拆字方法来分析"盐"字繁体字（鹽）的写法，我们似乎也能够从中发现从自然盐到人工盐演变的过程。右上方是个"人"，他取来"卤水"，放在"器皿"里煎煮，加上"大臣"的指挥、管理，就能得到美味的"鹽"了——当然，这样的解释只能算作是在做文字游戏，最初创造"盐"（鹽）字的正确解释应该是："鹽，形声。从卤，监声。本义：食盐。"

随着时间的推移、经验的增多，我们的先人越来越多地发现食用盐可以带来好处：诸如使食物的味道变得更加鲜美，增进人的食欲，去除食物上的异味乃至毒性，使人变得体力充沛等等，甚至于中国古代的智者还发现了用盐可以防病、祛病的特殊功效；同时，人们也开始尝试从海水、咸湖水、盐岩、盐土等物质之中提取可供食用的盐分，于是人工盐的制作便逐步兴起，海水煮盐因为具有取材方便、制作容易等特点而被沿海地区的先民们最早、最多采用，夙沙氏就是当时杰出的代表人物。

夙沙氏生活的地区在今天的山东半岛，由于长期与海为邻，他和他所在的部落不仅学会了从大海中捕鱼，而且创造性地开发出利用海水煎煮为盐，并在当地推广和普及，甚至在当时还出现了一位名叫夙翟子的专门从事煮盐的专家级人物（此说见于程树德著《说文稽古篇》所引鲁连子"夙翟子善煮海"）。夙翟子利用海沙易于吸卤的特点，将沙子摊晒于岸边地面，洒以海水，借助太阳光照的热力，使咸分凝结在沙子之上。这样反复多次，等到卤水增浓时，再倒入铁锅中，用柴草烧煮成盐。因此，当时的人们把用这种方法制成的盐称为"海沙"。

要么是夙沙氏本人或部属精于海水煮盐的技术,要么是由他下令开始进行大规模的海水煮盐,因而才会在历朝历代的史籍记载中,留下了夙沙氏海水煮盐的故事。作为对人工制盐做出了极大贡献的先驱,后人将他奉为盐宗之一,永远供奉他、祭祀他、纪念他,也就顺理成章、不足为怪了。

扬州盐宗庙中供奉的第二位先贤,是被称为中国古代"第一位盐商"的胶鬲。

胶鬲塑像

成语"胶鬲之困",说的就是胶鬲的故事。胶鬲本是殷商时代商地的一个士人出身的官员,因遭世乱,于是便隐遁为商。后人也因此常常用"胶鬲之困"来指士人不能在位而处于困难之境。胶鬲当时从商主要经营的就是鱼和盐,故而孟子在书中记载道:"胶鬲举于鱼盐之中。"(《孟子·告子下》)

胶鬲在贩鱼卖盐的过程中,被周文王发现,打算任命为重臣。但是,不知什么原因,周文王当时并没有安排胶鬲跟随自己入周,而是将他推荐给了商纣王帝辛。有人猜测说,可能是周文王让胶鬲先潜伏在商朝,以等待周朝改打商朝时可以作为策反和内应。其后,胶鬲凭借自己的贤德和才能,果然在商朝做了大官,官居辅弼君主的重臣,成为与少傅、少保合称"三孤"的少师,并作为上邦使团成员出使属国周朝。

使团以纣王之兄微子为首,成员除了胶鬲外,还有伯夷、叔齐等。当时周文王已去世,由周武王执政。武王许以功名利禄诱惑上邦使团的成员一起倒戈,反商助周。当时,周武王许诺,事情一旦成功,他就会任命微子及其子孙世世代代为长侯,胶鬲则加富三等、就官一列。微子、胶鬲答应了,但是伯夷、叔齐却没有吭声——在武王灭商后,他们俩耻食周粟,采薇而食,饿死于首阳山,高尚的气节,至今广为流传。

作为商朝的最后一代君王,帝辛一如后人给他的恶谥"纣"一样,"残又损善",暴虐无道。商纣王统治之下的商朝,政治腐败,刑罚残酷,连年用兵,贵族矛盾锐化,导致了整个社会动荡不安;而西方的属国周朝却如日中天,蒸蒸日上,任用贤士,修德利民,积极开展伐纣灭商的大业。

不久,周武王开始兴兵讨伐商纣王。显然,纣王此时丝毫不知他的兄弟微子和他的信臣胶鬲已经被周武王收买,被蒙在鼓里的他在得到消息后,依然派胶鬲到鲔水(今河南省孟津县一带)去打探周武王部队的情况——这正好给微子和胶鬲直接联络周朝提供了极大的方便。

武王见到胶鬲,喜出望外,商定了十五日后,也就是甲子日派出部队到达商朝的首都朝歌(今河南省淇县)。(事见《吕氏春秋·贵因》:"选车三百,虎贲三千,朝要甲子之期,而纣为禽。")于是,胶鬲急速赶回商朝去通报,当然,他对纣王和微子两个人说的肯定是不一样的内容—— 纣王自然是被再次糊弄过去了。

紧接着,武王挥师急速向东奋进。可是,恶劣的天气和险要的道路导致周朝的军队一路行军十分艰难。有部下劝武王歇息缓进,但武王并不同意。他认为自己已与胶鬲约定了日期,如果部队不能按时赶到,胶鬲将会有生命危险。而且,他不愿失信于天下,也不愿失信于胶鬲——从这里,我们既可以看到武王的守信,更可以看到胶鬲的贤能以及胶鬲因而为文王、纣王、武王诸王所信任、重视。于是,武王发布命令,快马加鞭,在约定的时间内赶到了朝歌。牧野之战就此打响。

当时,虽然周朝只有四万五千多人的兵力讨伐纣王,而纣王却有七十万人迎战,但由于胶鬲、微子等人的瓦解、策反工作成效显著,纣王的士兵纷纷倒戈,纣王因此大败,并自焚身亡。周武王建立新的政权之后,叙功任用,"微子、胶鬲,皆委质为臣"。

也许正是胶鬲当初屈身于贩盐卖鱼之时,就已制定好自己的人生目标,为自己未来治国安邦的方略在苦苦寻找良策,因此,他才能在气味混浊腥臭的鱼盐商行之中依然保持高洁的气质并被周文王一眼相中;也正因如此,才留下了《孟子·告子篇》中那一段关于历代成就伟业的功臣往往出身平凡的论述:"舜发于畎亩之中,傅说举于版筑之间,胶鬲举于鱼盐之中,管夷吾举于士,孙叔敖举于海,百里奚举于市。"而清末民初某盐号曾请宿儒撰写的一副对联挂于店门前,联曰:"胶鬲生涯,桓宽名论;夷吾煮海,傅说和羹",联中所举四人之中的第一人便是胶鬲,可见其在历代盐商心目中的地位及影响。

同样是在这副对联之中,提到了扬州盐宗庙中供奉的第三位先贤,他就是生活的时代与胶鬲又相距了百余年的管仲管夷吾。

管仲塑像

管仲(? 一前645),春秋初期著名的政治家。名夷吾,字仲,亦称敬仲,史称管子。在《史记·货殖列传》一文中,司马迁是这样介绍管仲的:"其后齐中衰,管子修之,设轻重九府,则桓公以霸,九合诸侯,一匡天下;而管氏亦有三归,位在陪臣,富于列国之君。是以齐富强至于威、宣也。"

作为齐桓公的重臣,同时作为我国春秋前期的一位著名政治家和理财家,管仲被任命为"上卿"后执政的四十年间,系统地实施了政治、经济诸方面的改革,提出由国家设置官员、机构来控制山海矿藏等自然资源的财政经济思想,实行盐、铁专卖,即后人简称为"官山海"("唯官山海为可耳",见《管子·海王》)的主张,以充实国家财政。其中,他实施的"正盐策"的具体政策,将全国各地人口详细登记,官府按时按州籍卖给食盐,最早建立起食盐的人口州籍。

食盐乃百味之王,是人体所需氯和钠的主要来源,"无盐则肿",故而民谚中有"三天不喝咸菜汤,觉得两脚晃荡荡"的说法。迄今为止人类所认识和利用的所有调味料之中,可以说,没有哪一个品种的调味品是比盐更为重要的。作为生活必需品,几乎每个人、每天甚至每顿都要食用,"十口之家,十人食盐;百口之家,百人食盐。凡食盐之数,一月丈夫五升少半,妇人三升少半,婴儿二升少半"(《管子·地数》)。管仲的食盐人口州籍制度,既保证了国家对盐利持续稳定地获取,同时客观上也保证了百姓食盐正常有序的供应,从总体上来看,是一件利国利民的好事。

对盐、铁的生产、税收、运销实行统一管理,对制盐业、冶铁业实行国家垄断性经营即实施盐、铁的国家专卖,使得齐国的政治、经济发生重大变化,国力大振,实现了富国强兵的目标,从而使齐国崛起于当时其他诸侯国之中,齐桓公成为"春秋五霸"之首,管仲本人也被称为名相。

管仲首创的"官山海"理论影响久远,自春秋之后的各个朝代,食盐均由政府官营,或专卖,或课盐税,一直沿袭至今。而且,到清朝之前,官营品种、范围也在逐步扩大,已由盐、铁扩大到酒、醋、曲、茶、香料和药材等。后来,随着经济的发展,商品流通活动日趋活跃,有的专卖项目逐步转归私商自由经营,只有盐、茶两项较长时期保持着不同程度的官营性质。

管仲在从事繁忙的行政事务的同时,还著书立说,阐述自己的政治、经济主张和观点。在其所著的《管子》一书中,有相当篇幅谈到经济,并且多次谈到"利"——"盐利"即其中重要的一项。像《管子·海王》,从确立盐税为人头税,到确立盐专卖政策,多次涉及盐业政策,成为中国最早的盐政理论。

因此,无论是从理论还是从实践,管仲都称得上是中国历史上最早的盐业、盐政管理者,食盐专营的创始人,他被奉为扬州盐宗庙的"盐宗"之一,也属于众望所归、情理之中。

介绍了三位被供奉在扬州盐宗庙的先贤之后,我们再一起来了解下为什么会在今天不产盐的扬州城内建有盐宗庙。而现在远离海岸线的扬州城,与海产之盐之间又有什么样的渊源关系?

在五六千年之前,今天的扬州曾经处于长江入海口的位置,而更多的像今天盐城所辖的东部县市、南通的大部分地区,在当时则还完全沉没于大海之中。今天的扬州,在当时是名符其实的沿海地区。而在当时,虽然也有"扬州"的名称,但那不是指今天的扬州。今天的扬州,在当时属于被称为"淮夷"的部落——也许这就是扬州与"淮盐"结缘的最早依据。

在《尚书·禹贡》等古代典籍中,出现了关于"淮夷"的名称:"海、岱及淮惟徐州……淮夷玭珠暨鱼。"《尚书·禹贡》集解引郑玄语:"淮夷,淮水之上夷民也。"即在今天山东东部沿海、泰山周围及淮水流域,古徐州的广大地区,生活着一支滨水而居、被称为"淮夷"的部落。由于临黄海、近淮水,所以当地的水产资源丰富——玭珠即珍珠,"暨鱼"则表明当时的淮夷尚处于渔猎经济时期。

随着周朝的迅速崛起,淮夷常常被置于其军事控制之下,原来主要居住于淮水以北的属于淮夷的各方国部落,大多被迫向长江以北、淮水以南一带迁徙。最迟到了西周初期,在今天扬州城北的蜀冈之上,建立起一个新的方国——"邗"(最初写作"干"),从此,我们现在所说的扬州才真正有了属于自己的名字。周武王十三年,以其子封于"邗"。

关于"邗"这个国名,古书中并没有其得名或其他更多的说明,只有《说文》中略有解释,但也只是寥寥的几个字:"邗,从邑,干声,国名。"研究扬州历史的专家学者大多是从《诗经》等古代诗文的相同字词中,发现"干"的本义"河岸"与"邗"之间的关联,得出"邗"是建立于水畔、岸边的结论。当时的"邗"确实具有隋炀帝杨广《泛龙舟》诗句"借问扬州在何处,淮南江北海西头"的临淮、挹江、濒海的显著特征——尤其是其毗邻大海的特点,也让人们相信,当年的扬州已经具备了生产海盐的条件和可能,因而到了西汉,扬州及其周边地区能够大量生产海盐便是顺理成章的事情了。

而稍早于邗国立国、领土相邻的吴国为了争夺霸权,大约在公元前700年前后发动了对邗国的战争(《管子·小问》:"昔者吴、邗战。"),随着吴国的不断强大,其后不久,邗国终于被阖闾或夫差领导的吴国所吞并。

而吴国当时就拥有众多的盐场,已经能够大规模地生产海盐,这在司马迁的《史记·货殖列传》中同样有所记载："彭城以东，东海、吴、广陵，此东楚也……夫吴阖庐、春申、王濞三人招致天下之喜游子弟，东有海盐之饶。"照此说法推算，这说明早在公元前514年前后的吴王阖闾时期，包括今天扬州在内的、当时的吴国沿海地区，就因为大量生产海盐而致富饶——司马迁的这一记载是江苏海盐生产的最早文字记载，也许可以算作是扬州产盐最早的文字证明——不过，当时所产之盐应该称为"吴盐"而非"淮盐"，只是到了西汉以后，以扬州为中心，地处江苏沿海、淮河南北的两淮盐产区才开始成为中国历史上四大海盐产区之一。

与"淮扬菜"的得名相似，"淮盐"当初的得名与其产地属于淮河流域有着密切的关系；与淮扬菜"宴会珍错之盛，扬州为最"（《康熙扬州府志》）的特点相似，地跨淮南和淮北地区的淮盐生产、运输、销售和管理同样也具有以扬州为中心的特点。后来，虽然扬州本地不再产盐，但由于唐朝淮南道的治所定于扬州，扬州常常管辖着两淮之地，尤其是历代两淮盐运使司、两淮巡盐御史等盐运、盐政管理的政府机构长期设置在扬州，通过长江、运河水路转运食盐的集散地始终在扬州，来自全国各地的盐商也集中在扬州，所以淮盐市场依然以扬州为中心。作为一种约定俗成，淮南、淮北所产之盐虽名为"淮盐"，却依然与扬州有着千丝万缕的联系，也可以反过来讲，扬州盐的历史几乎就是淮盐的历史——明清两代编纂且多次重修的《两淮盐法志》完全可以看作是《扬州盐史》的另一种书名了。

不过，随着千百年来黄海海岸线的不断东移，当年扬州海边产盐的区域，今天大都已变为了良田。扬州人不仅再也听不到海潮奔涌撞击的广陵涛声，也看不到海边盐民在烈焰流火的阳光下煮盐、晒盐、运盐的繁忙景象，但是我们依然能从古代书籍片言只语的记载中，搜寻出当年关于盐与扬州诸多关系的依稀、斑驳的记忆……

第二节 "刘濞煮海"与扬州大王庙
——两汉、魏晋南北朝时期的扬州盐业

盐,作为中国古代最稳定、最重要的专卖商品,在国家财政收入中,比其他任何一种商品都显得重要,而且,盐业还与国家的经济、政治、军事,同时也与文化等有着密切的关系。

中国传统文化中,各行各业的开端往往是以民间传说、神话故事之类的形式流传下来的,盐业也是如此。前文我们已经了解到夙沙氏"煮海为盐"乃是中国古代最早生产海盐的传说,本节则要着重介绍扬州历史上最早见于史籍记载的生产海盐的史实——"刘濞煮海"的故事。

说起"煮海"以及与之相关的民间传说,人们更加熟悉的可能是"张生煮海"的故事。这个故事起源于元代,虽算不上非常久远,但因为它是中国历代戏曲中最为著名、最具代表性的作品之一,而且在新中国成立之后的不同时期,包括京剧、评剧等不同的剧种都曾经将它重新编排演出,因此流传甚为广泛。

张生煮海的故事,出自元代剧作家李好古所作(一说是尚仲贤所作)的杂剧作品《沙门岛张生煮海》(后简称为《张生煮海》,也写作《张羽煮海》),说的是中国古代一段"人"与"神"之间的爱情故事。"人"就是潮州青年张羽,因他是个书生,故又称之为张生。张生端庄俊雅、人品至诚,但出身低微,父母双亡;他虽乡试落第、功名未就,却是满腹才学,勇于进取。当年不第之后,他便在海滨石佛寺刻苦攻读,以图来年再次赶考。

某夜,张生对月抚琴,招来东海龙王的三公主琼莲——所说的"神"就是她。作为东海龙王的公主、一位小龙女,琼莲出身高贵,又娇美异常,温柔多情,向往自由爱情。

夜深人静、月明星稀之时,张生和琼莲一见倾心,互生爱慕之情,二人于

是私定终身,并约定中秋之夜再度相会。后来,张生从仙姑口中知道了琼莲不是凡人而是龙王之女,又得知龙王百般阻挠,使得琼莲无法如期赴约。于是他便用仙姑所赠的宝物铁锅煮沸海水,使得大海翻腾不息,在人、神之间展开了一场惊心动魄、惊天动地的战斗。面对称霸海洋、凶狠暴虐的龙王,张生毫不畏缩,为了争取真正的爱情,他以一种大无畏的精神激烈抗争并赢得了最终的胜利——龙王不得已,只好将张生召至龙宫,与琼莲婚配。

"海卤煎炼"图(录自《天工开物》)

张生煮海,反映了古代劳动人民征服大自然的幻想,表现了青年男女勇于反抗封建势力、争取美满爱情的斗争精神。这一近似神话故事的剧作,为世代所传诵,并被改编成多种地方戏而久演不衰。到了清代初年,著名戏剧家李渔又据之并加上《柳毅传书》的故事而改编出传奇《蜃中楼》,为张生煮海故事的广为传播推波助澜,更加扩大了其在后来的影响。

正是由于张生煮海的故事流传甚广,我们更需要强调指出,张生的"煮海"跟中国古代生产盐的"煮海"并不完全是一回事。

从制盐工艺上来讲,两汉时期,当时扬州乃至更大范围内的东部沿海地区,都是采用"煮海为盐"的制盐方法。在后代的史籍、资料中,它又被简称为"煮海",或被称为"熬波"、"煎盐"、"烧盐"等,但其实这并不是一般人想象的那种直接用海水煎煮成盐的方式。因为海水含盐浓度平均只在Be2.5—3度之间,直接用海水煎煮到饱和结晶的状态,大量耗费工时和燃料不说,得到的盐也是非常之少,所以,如果要大量获取海盐,人们一般是不选择这种方式的。

其实,从传说中的夙沙氏开始,我国古代勤劳智慧的盐民就已经懂得制卤之法,他们往往采用在获得浓卤之后再加入海水煎煮成盐的方法。当初,人们在海滩边的泥沙上浇上海水,置于日光下暴晒蒸凝,使泥沙的含盐量不断增大。如此反复多次,待卤质充分吸收,便将泥沙收入池中,池底有导管直通卤缸,以海水浇灌,淋出浓卤。最后将浓卤倒入陶器或铁盘内,用柴火煎熬成盐——这才是一直在我国东部沿海地区沿袭了两千多年、传统的"煮海为盐"的方法。

"煮海为盐"这种又被后代称为"煎盐"的海盐生产方式,其实是煮盐、煎盐和熬盐三种方式的统称。煮盐是指用深腹容器(多为陶器)煮沸取自海边滩涂下的卤水并加入凝固物(如皂角等)而结晶成盐;煎盐则是指提取柴灰或碱土中的卤水,用浅而阔的铁盘熬干以制取盐。而熬盐与煎盐的区别,就在于煎用浅镢,熬用深锅。当然,镢和锅的大小也不一。

西周盎形陶器

从山东省寿光市双王城水库盐业遗址 2008 年 12 月考古发掘和盐城中国海盐博物馆陈列的文物等相关的材料中,我们可以发现,用盎形陶器煮盐的方式出现于较早的商周时期,而随着铸铁工艺水平的提高,煎盐、熬盐的方式也在两汉时期相继出现。在当时的扬州及其沿海地区,用盘铁、锅镢来煎盐应该是较多被采用的一种制盐方式。

那么,扬州最早产盐的历史究竟是从什么时候开始呢?

真正可以为史所证的、扬州最早产盐的历史,记载在另一个煮海的故事之中。这就是西汉时期的"刘濞煮海"。之所以可以这么说，是因为这一故事记载于司马迁的《史记·吴王濞传》中，因而后来在清代王定安等于光绪年间重修的《两淮盐法志》中，作者才特别强调指出，刘濞煮海为盐，"此淮、浙煎盐之始"。

刘濞（前215—前154），汉高祖刘邦的侄子，因为战功显赫，在刘邦称帝之后，由沛侯晋升而被封为吴王，并改当年刘贾所封的荆国为吴国，统辖东南三郡五十三城，定都于广陵（今扬州）——时在高祖

扬州大王庙内刘濞塑像

十二年即公元前195年，并从此开创了扬州境内盐业生产的历史。

刘濞性情极为剽悍勇猛且有野心，加上汉文帝时，刘濞的儿子吴国世子因为在京城与文帝皇太子下棋出现争执而被皇太子所杀。痛失爱子的刘濞于是在封国之内大量招募流放的罪人来铸钱、煮盐而增强实力，以扩张割据势力，图谋篡夺帝位。汉景帝采用御史大夫晁错的建议，削夺王国封地，刘濞便打着"诛晁错以清君侧"的旗号，联合楚、赵等同姓诸侯国，于景帝前元三年（前154）公开叛乱，史称"吴楚七国之乱"。叛乱最后被汉军主将周亚夫击败，刘濞兵败在丹徒被杀，封国被中央废除，吴国至此灭亡。

虽然更多的人相信，刘濞煮海制盐和铸钱是为了积攒财力，招兵买马，实现他的谋反大计。但无论是在西汉恒宽记录整理的《盐铁论》，还是在司马迁的《史记》中，都提到了因为刘濞煮海为盐而使吴国"国用富饶"并因此"薄赋敛"，在实际上使得吴国百姓受益的内容。《盐铁论》中有"人君有吴王，专

山泽之饶,薄赋其民"之句,《史记·吴王濞传》中则说:"会孝惠、高后时……濞则招致天下亡命者盗铸钱,煮海水为盐,以故无赋,国用富饶","太史公曰:……(濞)能薄赋敛,使其众,以擅山海利。"

必须指出,包括今天扬州、苏州等地区在内的当时的吴国,并非如同后人所称赞的"上有天堂,下有苏杭"这般富裕;与之相反,当时的吴国因荒山穷海、地广人稀,加之连年战争,甚至还处于一种非常贫困的地步。刘濞当时被封此地,既有汉高祖刘邦对他战功卓著的褒奖,同时也有让他开辟吴国这个荒芜之地的用意。加上刘邦因为怀疑刘濞有造反的可能,在他被封之后便再也没有提供任何资助,所以,刘濞不得不自己找米下锅,从而开创出发展冶铜、铸钱、煮盐三大利好产业,形成了封地吴国的经济、军事力量足以跟中央政府抗衡的全新局面。

也正是因为冶铜、铸钱、煮盐三大产业带来的丰厚利润,才使得刘濞有能力全部免除吴国境内的农业赋税,(魏如淳《史记集解》:"(刘濞)铸钱煮盐,收其利以足国用,故无赋于民。")而且原来义务的法定劳役都由政府付给报酬,在一定程度上改善了人民的生活,提高了农民生产的积极性,从而使粮食增产、人口增加,这些都为刘濞壮大军事实力提供了基础条件——当然,这才是刘濞免除赋税的真正目的。直到2005年,当温家宝总理在《政府工作报告》中提出第二年将在全国全部免征农业税时,还有学者指出,"如果没有其他历史新资料,刘濞可以说是中国古代唯一一位曾经免除过农业税的封建统治者"(参见2005年3月15日《法制早报》)——这种说法虽只是一家之言,却也言之成理,可作一说。

刘濞当初之所以选择扬州作为煮海的盐场,是不是因为他看中了扬州及其东部地区具有广阔的沿海滩涂、四季分明的气候条件,适宜于海盐生产,我们不得而知。但后来随着盐产量的增大,为了运输扬州产出越来越多的盐以及各种财货,刘濞还在疏通吴王夫差开凿的邗沟的基础上开挖了邗沟支道,明代学者陆君弼在《万历扬州府志》中记载:"吴王濞开邗沟,自扬州茱萸湾通海陵仓(今泰州东)及如皋蟠溪。濞以诸侯专煮海为利,凿河通道运盐,此运盐河之始也"，而当代交通史专家吴家兴主编的《扬州古港史》中也有相关文字记载："于广陵城东北20里开挖运盐河，自茱萸湾(今湾头)，通海陵仓(今泰州)及如皋蟠溪。东南置白浦，捍盐通商。又自宝应以北20里作黄浦堰削平水势。这是专为运销两淮盐所开的通道。至此，运河水系日趋完备，渐次畅通。"

尤其值得一提的是，与邗沟有着千丝万缕关系的如皋蟠溪，也许是古老的扬州海盐至今最有凭据的起源地。

在今天如皋县城东10里，有地名"十里铺"，这是民国时期改的名字。在如皋古老历史上，它曾叫"发阳"，为春秋古郧国"郧子封邑"，它也曾叫"郧"。《辞海》："郧，古地名，春秋吴地，在今江苏如皋市东。"同时也被称为"蟠溪"、"邗沟铺"。清代《直隶通州志·如皋县》直接写道："蟠溪即古邗沟，东入海，因溪滩宽衍，中多洲渚，弯曲如龙蟠，故名。"《两淮盐法志·历代盐业源流表》称："蟠溪煎盐区为两淮、江浙地区煎盐之始。"

我们需要从春秋时期的一位贾大夫谈起。贾国在今山西临汾，它是周康王姬钊把晋国君主唐叔虞的小儿子公明封于贾而建立的诸侯小国。公元前678年，晋国曲沃武公杀晋侯缗，同时兼并了贾国。其时贾国有个上大夫叫贾南屏，是位著名的贤臣，曲沃武公灭贾国后，仍起用他为大夫，《史记》载：他"义不事晋"。《如皋贾氏宗谱》载，贾南屏为如皋贾氏一世祖，传至今已84世。公元前678年晋灭贾后，他率部族千里迢迢逃到古郧邑这海边"淮夷荆蛮之地"。在这之前，蟠溪以东的今东陈镇有一渔夫，从海边取到两只不知名的"蛋"，当宝贝献给古郧邑的国王(实际上相当于酋长)，国王不认识，满朝文武也说不出名堂。国王只得叫人用篮子盛了挂在大殿屋梁上，以便让识者来辨认。

一次，厨师煮了一碗面条由此经过送给国王，国王吃了觉得这碗面条味道特别好，第二天叫厨师还煮这样的面条。可是，任凭厨师如何，就是再也煮不出那样的味道，一怒之下，国王连杀了三个厨师。见此，有位大臣上前对国王说："听说从贾国逃来了一位贾大夫，他博学多才，不如请他来帮助找原因。"应召而至的贾大夫沿着第一位厨师走的路线察看,发现大殿梁上挂的篮子,问是何物?被告知是两只不知名的"蛋"。贾大夫叫取下来看,发现那两只"蛋"已在溶乳,他用手沾了放在舌头上一试,心中立即明白了。于是,他就让厨师又煮了一碗面条,并悄悄地往里面滴了几滴这两只"蛋"溶化的液体。这下再端给国王,国王吃了高兴地说:"就是这个味道。"贾大夫告诉大家:"这不是蛋,是盐块,食物加了盐就会有特别鲜美的味道。"从此,扬州一带的百姓才逐渐知道了食盐的用途,并逐步发展到用海水来煮盐。

据如皋当地学者李实秋在《"古蟠溪煎盐区"创如皋历史辉煌》一文中记述:"现在春秋贾大夫墓、贾大夫祠(群众叫它贾公庙)所在地东陈镇,春秋时发现'盐蛋'(实际是海水中的岩盐)的地方仍在,在原东陈供销社前面,至今人们还叫它'盐墩'或'凤凰墩'。春秋时这个墩还在海中,传说曾有凤凰落过这个墩子,民间有'凤凰不落无宝之地'说法,这两只'盐蛋'就是在这个墩子下取得的,所以又叫'凤凰墩',以怀念这个出宝的地方。后来我们这一带共发展有36个盐场,每个盐场都供有贾大夫像,以褒扬他对我们这一带盐业生产起源所做的贡献。特别是'文化大革命'中贾大夫祠被毁时,还从祠堂内拆出许多古盐砖,至今仍被东陈人民珍藏着。"

事实上,运盐河一经开凿,便具有非凡的经济意义。该河沟通扬、泰,连接江、海,是跨地区的水上通道,不仅有舟楫之便,而且具灌溉、泄水之利。历史上,两淮上九场所产之盐均经此河运往扬州府,于是扬州商贾云集,备受渔盐之利,扬州城也日渐兴盛。正因为运盐河的特殊作用,所以自刘濞开凿之后,后来的历朝历代都不断疏浚,使之保持畅通。随着时间的推移,特别是顺应因海岸线东移而使江海平原向东、向南延伸的需要,"自扬州湾头经海安至三十里墩,计长一百九十五里"的运盐河也不断向东南延伸,"由海安之三十里墩折而东南,历油坊头、如皋抵通属各场,达以江海"(《海安县志》)。

这条由新一任的吴王刘濞所开凿的运盐河,历史上又被称为上官运盐河、上河、上官河，但最为扬州百姓熟知的还是它的俗称"通扬运河"。与前代另一位名为夫差的吴王于公元前486年开挖的邗沟相比，它们之间相距不过300年左右，但都具有流淌千年、泽被后世的作用，在中国古代水利兴修史上都有着不可磨灭的历史功绩和影响，都对扬州成为中国独一无二的与古运河同生共长的"运河城"有着特殊的意义。加上两位吴王都造福于扬州，给百姓带来了经济上的实惠，所以扬州百姓将他们一起奉为财神，在古邗沟的岸边将他们两人供于一庙之内祭祀，并将此庙称为"财神庙"、"大王庙"或"二王庙"，并在大庙的门楣上高悬"泽被邗吴"的横匾，以旌扬他们的丰功伟绩。

　　清人李斗在《扬州画舫录》中记载："邗沟大王庙在官河旁。正位为吴王夫差像，副位为汉吴王濞像。""是庙灵异……每岁春香火不绝，谓之财神胜会，连舻而来，爆竹振喧，箫鼓竟夜。"这些，既反映出人们对扬州城发达富足的一种追根寻源，同时也表达了扬州百姓对夫差和刘濞两位吴王的尊敬和怀念。尤为特别的是，此庙的庙门与其他庙宇正好相反，它是坐南朝北的，因此原大王庙神龛两旁的楹联为"一殿两王天下少，庙门朝北世间无"。

邗沟大王庙

也许扬州人这样做，是想让两位吴王可以面对他们创立和管理过的蜀冈上的故城吧！

至于说对两位吴王的功过评价——夫差因为想要称霸中原而北上攻占齐国并导致亡国，与他筑邗城并最早开凿邗沟成为中国大运河的发端与滥觞；刘濞起兵谋反的大逆不道，与他煮海为盐而免除百姓赋税和开挖运盐河为百姓带来灌溉、耕作、水运的便利——所谓功是功、过是过，扬州百姓向来是分得非常清楚的。因而殿前的四根抱柱上，雕刻有这样两副楹联，一副是"曾以恩威遗德泽，不因成败论英雄"，另一副是"遗爱成神乡俗流传借元宝，降康祈福世风和顺享太平"，饱含着扬州人民对两位吴王的感念之情。当年，凡盐船漕艘篙工水师以及四方信徒均来此烧香膜拜求神，祷祝行船一帆风顺，老少健康平安。

说完两位吴王，让我们来更加具体地谈谈两汉时期扬州盐的生产、运输、销售和管理。

在中国历史上，盐税是在财政收入中仅次于田赋的第二大税，是最古老的税种之一。秦王朝时，废除盐的专卖而实行征税制，使得盐税收入较前提高了 20 倍之多，从而大大地充实了秦王朝的国库，但同时，也增加了百姓的负担。汉初，当时盐制尚未改为专卖，仍行征税，因而班固在《汉书·食货志》中说："（秦）盐铁之利，二十倍于古。……汉兴，循而未改。"也正是因为当时"盐税之重，不减于秦"，故而西汉大儒董仲舒才指出"盐铁倍税，小民贫困"，并建议"盐铁皆归于民"，"薄赋敛，省徭役，以宽民力"。

汉景帝后元三年（前 141），汉武帝即位。为了加强中央集权，他采纳桑弘羊等人的建议，实行盐的官营。在盐产旺地设置盐官，并没收私人煮盐器具；同时，因为国家财政紧缺，希望依靠盐利解决急难，于是开始在各地招募民众煮盐。据《汉书·食货志》记载，武帝时，"……愿募民自给费，因官器作鬻盐，官与牢盆"。牢，就是粮食；盆，就是煮盐之器。也就是说，由官府提供煮盐器具，雇工煮盐，所产之盐尽归官府，并由官府统一销售，雇工则发给相应的工本费。从此，将盐的生产、运输和销售三项权利全部统一收归朝廷，实行完全国营的"全部专卖制"。元狩四年（前119），朝廷还在遍地皆为煮盐亭场、到处都是运盐河的淮南沿海地区设立了盐渎县（今盐城），专管从事煮盐的盐民。

从事煎盐的盐民，大多是朝廷流放的罪人，后来因为煎盐而入"灶籍"，世代因袭。由于他们煎盐纳官，属于一种具有服劳役性质的劳动，其地位低下，被视为"土民"、"贱民"。尽管如此，煎盐在当时还是开始成为一种正式的职业。

煮海为盐是中国古代沿海制盐最原始的工艺，经过多年的实践，及至两汉之际，扬州及两淮地区的煎盐工艺已十分成熟，并逐步形成一套实用的生产工艺流程：刈草于荡，烧灰于场，晒灰淋卤，归卤于池，煎盐于镪。

古人云："荡为草源，草为盐母"（桓宽《盐铁论·复古》），说的是亭户要煎盐，就必须要有柴草作为燃料，就要有"荡田"，即可以种草的草场。

引荡刈草图

然后还要开辟被称为灰场、晒场的亭场。选择靠近海边、卤气旺盛的滩涂，翻耕、夯实、碾平、清扫，再在四周开沟、筑埝，一处长方形或正方形的可供烧灰、晒灰的亭场便开辟出来了。

另外，还需要挖出灰坑、卤井、卤池以用来淋卤、归卤。清光绪三十年（1904）学者陈庆年所撰的《两淮盐法撰要·场灶产盐》中，较为详细地介绍了"晒灰淋卤、归卤于池"的过程：

> 俟盐气上升，地有白光，摊灰于其上。灰即煎盐所烧之荡灰也，五更摊之，夏日至午即起盐花。春初秋末，常须竟日。冬则盐花归土，必风日连霁，盐花始凝。帚扫成堆，舁之于池，沃水淋之。大池之外，承以小池，再淋之，方成白卤。试卤之法，投以石莲，浮而不沉，即可入锹开煎矣。

盘锹图

官府提供的煮盐器具当中，包括盘铁、锅锹等沿用千余年的铁铸器皿。在《两淮盐法撰要·场灶产盐》中，是这样比较盘和锹的："锹者，煎盐之釜也，似釜而浅。前代用盘，重而难举，锹较为灵便，然重亦四五百斤。"

盘，又称盘铁，一副盘铁由四角组成，每角又分多块，厚10—13厘米，每块重50—100公斤，合则五六百公斤。位于中间的称"块铁"，成长方形，两旁的称为"月铁"，略成半月形，拼合起来便可组成一个略成凹形的圆形平锅。盘铁平时分户保管，彼此牵制，官方监督，以防私煎。使用时，数块盘铁拼成一盘，直径可达3米多，周围边高0.4米，用铁钉拴牢，底平如盂，缝隙经卤汁凝结后可保不漏不泄。

　　盘铁下面,是用泥土砌成的圆形煎灶,形如扬州旧城里烧开水用的老虎灶,但大小却是其数倍。而且,设灶门前后各一(多至七八个),分别用以喂草和出灰。每灶配盘铁一副,有盐民数家轮流煎煮,称之为团煎、团煮,这也是盐民被称为"灶民"的原因。煎灶周围用芦苇编成的篱笆来挡风,晴天操作,遇雨即停。

　　接下来,就可以出盐了。"煎卤于锹,俟水竭气凝,微入皂角,即晶莹成盐。每一昼夜为一火伏,出盐若干。"(《两淮盐法撮要·场灶产盐》)一般在暑天或旱季举火,下面以柴草点火燃热盘铁,盘铁上面不断舀上卤水、泼撒海水,水分蒸发后,把结晶盐扫起、收好。烧一昼夜谓之一伏火,可煎二三盘,每盘可获盐 100 公斤左右。　由于盘铁厚大而难以烧热,因此,每举火一次,通常要持续生产半个月左右。

　　虽然生产工具较为笨重,而且煎盐费时费燃料,生产技术较为落后,但随着盐丁的增多,扬州沿海煎盐的规模也在不断扩大,盐产量也迅速增长。

　　自古盐业就属官管,从有国家政权开始,就有盐业管理的章法和组织机构。比较有系统的两淮盐业管理机构的建立,也有两千多年的历史。西汉初期,实行自由贸易,盐商哄抬盐价,民食贵盐。汉武帝元狩四年(前 119),御史大夫张汤提议"罢斥富商大贾,力除豪强兼并",将盐的销售收归国有,实行民制、官收、官销、官运。并于汉武帝元鼎二年(前 115),桑弘羊试办均输,在广陵(今扬州)等地设置均输官、监卖盐官、司盐校尉、盐监都尉、总监等官员,隶属国家大农令(相当于财政部长)、司盐都尉管理,主要职责是管理盐业生产和运销。

　　所谓"均输",是当时政府出于调节市场物价、取得财政收入而采取的货物运销政策。按照规定,各地盐、铁等贡输物品一律依当地市价折成土产输官,然后政府再转运到京师和缺乏盐铁的地区出售。这样,政府除了得到符合需要的地方贡纳之外,还可以从贩运贸易中得到大量收入,又减省了不必要的贡输远程运往京师的耗费,同时也加强了各地的物资交流,并限制了从事长途贩运贸易的大商人的活动。

盐的官营,大大削弱了豪强割据势力,增加了国家财政收入。但盐价上涨,私营、私贩乘机牟利,官盐滞销。汉武帝元封元年(前110),桑弘羊任大司农,抽调数十人分往各县,平均调配、调节盐价,盐的市场趋于稳定。汉武帝后期,由于粮价上涨,食盐私营,产量多,商人竞销,于是,盐价大幅度下跌,淮盐售价一时间竟然出现了"盐与五谷同价"的现象。

汉昭帝始元六年(前81)召开的盐铁会议上,贤良文学们提出,盐铁官府垄断专营和"平准均输"等经济政策是造成百姓疾苦的主要原因,所以请求废除盐、铁和酒的官府专营,并取消均输官。会议结束,时任御史大夫的桑弘羊只是宣布废除了酒榷官营,但盐、铁官营则要继续推行下去。到了宣帝时期,桓宽根据记录整理撰写的《盐铁论》一书,成为研究中国经济思想史特别是西汉经济思想史的一部重要著作。

盐为高税商品,按法纳税者为"官盐",不纳税者为"私盐"。西汉时期,以私煮、私贩为私盐。《史记·平准书》载:"敢私铸铁器、煮盐者,钛左趾,没入其器物。""钛左趾"是中国古代一种较为严酷的刑罚。钛,是一种铁制的刑具,重六斤,钳套在犯人的左脚趾上,使之不能自由行动。如果自行去掉脚上的钛,按法要另外加罪。

白寿彝在《中国通史》中指出,"除汉初诸封国之经营盐铁多少有王国经营的性质外,其余都是私营盐铁手工业主兼大商人。实则王国所经营盐铁,相对于西汉官府中央的官府手工业而言,也有私营性质。各王国君主,实为大的盐铁业主",此说颇有见地。也就是说,刘濞当年在广陵煮海为盐,从西汉中央政权的角度来看,也应该属于私盐性质。

东汉时,光武帝废除食盐专卖之法,解私煮之禁,任由百姓煮盐,听其自由贩运,只在产盐丰富地区设官收税,盐税收入归于郡县,这种制度与后代盐业的就场征税制非常相似。当时,淮河以南的盐产区有了进一步发展,因而在淮南设监卖盐官,而这时淮南产出的盐都经由邗沟运至扬州分销。

汉章帝元和元年(84),依尚书张林建议,曾一度恢复了西汉武帝时期的平准均输法,再度对盐实行官营。在《后汉书·马援列传》所附族孙马棱小传中，记载了在章和元年（87）马棱任广陵太守时，"谷贵民饥，奏罢盐官，以利百姓"——马棱通过奏请朝廷废除与盐相关的赋税，为百姓解困，赢得了广陵百姓的交口称誉，"吏民刻石颂之"。

直到建安元年（196）汉献帝被曹操挟持到许昌，东汉最后的一百多年间，对盐业又改专卖制为征税制，并于广陵等地设监卖机构，负责监治盐务及销盐事宜。这便是记录在宋代王钦若等编修的《册府元龟》之中的内容：建安初，治书侍御史卫觊曰：盐，国之大宝。自乱来放散，今宜如旧制，使者监卖。（《册府元龟》卷493《邦计部·山泽》）

三国时期，官府对盐的管理多趋专卖，东吴在建邺（今南京）设司盐校尉、司盐都尉管理盐政。两晋、南北朝仍沿袭此制。三国时，食盐和谷帛一样，还曾起到过货币的作用。赤乌元年（238），大将朱恒逝世，"家无余财"，孙权一次赏"赐盐五千斛以周丧事"（《三国志》卷56《吴书·朱恒传》）。

西晋永嘉之乱后，朝廷在今扬州、镇江等地侨置州县以管理渡江过淮的移民。因此，东晋和南北朝时期，今天的扬州属于一个侨置州——南兖州。在《太平寰宇记》卷124中，引述南朝人阮升之所作的《南兖州记》说，南朝时，长江北岸南兖州所辖的盐城沿海一带，盐亭星罗棋布，百姓从事食盐生产者甚众，"地有盐亭百二十三所，县人以渔、盐为业，略不耕种，擅利巨海，用致饶沃。公私商运，充实四远，舳舻千计。吴王所以富国强兵而抗汉室也"。另外，东晋学者郭璞在《盐池赋·序》中也写道："吴都缘海，海滨有盐田，相望皆赤卤，吴民煮以为盐。"——当时扬州的盐业生产之盛况可见一斑。东晋太元七年（382），古扶海州（今通州）浮出海面成为陆地，江海之汇的廖角嘴由李堡移至掘港，产盐地区随之扩至掘港、丰利、马塘一带，以上地区均隶属于南兖州，史载南兖州官府运盐的船只往来穿梭，数以千计，扬州的盐产量随着海边滩涂陆地的扩大也在不断增加。

魏晋南北朝时期虽然封建政权更迭频仍，扬州及两淮地区屡遭战乱，盐政、盐制也不断变化，但因人们生活需要和国家对盐业的重视，盐业经济仍能曲折性地向前发展。南朝史学家沈约在《宋书》卷54中评论："江南之为国盛矣……外奉贡赋，内充府实，止于荆、扬二州。……荆城跨南楚之富，扬部有全吴之沃……鱼盐杞梓之利，充仞八方，丝绵布帛之饶，覆衣天下。"沈约所记，是指大江南北的整个扬州而言，但广陵在其中也占有极重要的地位。刘宋诗人鲍照也在其《芜城赋》中描述了广陵全盛时"孳货盐田，铲利铜山"的情景。特别是豪强大族积极经营盐业，实际上形成了官私并举，直到南朝陈文帝时期开征盐业专项税，也未能解决豪强大族把持盐业经营的问题，形成官营与放开的多次交替。

正如《汉书·食货志》所记载，篡夺皇位而建立新朝政权（9—23）的王莽曾发布诏书："夫盐，食肴之将。……非编户齐民所能家作，必仰于市，虽贵数倍，不得不买"，无论食盐是官营还是私营、价格是贵是贱，普通老百姓都不得不吃、不得不买。但是，如果历朝历代都能像刘濞当年在扬州实施"无赋于民"的政策那样，老百姓因此得到实惠，当然一定会非常高兴的！

第二章　东南盐盛　尤重扬州
——隋唐及五代时期的扬州盐业

隋炀帝开挖大运河，淮盐得以行销到巴蜀、湖广、赣闽等地。唐代，第五琦创立榷盐法，刘晏进而改革榷盐法，大大促进了扬州盐业的发展，扬州因此空前繁荣，赢得了"扬一益二"的美誉。扬州盐商从此真正崛起。

第一节　隋炀帝开挖大运河对扬州盐业有何贡献

——隋代的扬州盐业

隋炀帝与盐业的关系,更多的是或隐或现、若有若无地出现在一个民间故事之中。之所以这样说,是因为这个民间故事的版本多样,故事中的主要人物随着讲述者所处地域的不同而变化,有时是隋炀帝,有时却又是隋文帝或是唐太宗。这个故事的内容大致是这样的:

隋代(一说唐代)的某一天,皇宫里御膳房的大厨师们被隋炀帝(或说隋文帝、唐太宗)叫来问话。当时,隋炀帝已经厌倦了各种山珍海味,每天不知道吃什么是好。于是他问:"你们作为御厨,一定熟悉、了解许多美食,那么,你们告诉朕,世上什么东西最为好吃?"

这本来就是个因人而异、见仁见智的棘手问题。一来酸甜苦辣,人各有其喜好;二来地域不同、食材不同,各人的荤素要求自然不同;再加上不同时期、不同心情,各人的口味又有诸多不同。因此,大厨师们都不知如何应答,只好缄口不言。这时候,一位平素最为少言寡语的詹姓厨师(一说其名为詹鼠)上前禀告道:"微臣以为,这世上最好吃的东西乃是盐。"

隋炀帝似乎没有听清楚,詹大厨便按要求又重复了一遍:"这世上最好吃的东西乃是盐。"

这个答案显然不是隋炀帝当时想要的。试想,盐乃每日烹饪时必需的佐味之料,平常无奇,又仅仅只有一个咸味,哪是什么最好吃的东西? 因此,这个厨师的回答,在隋炀帝的眼里自然有戏弄圣上之嫌。于是,盛怒中的隋炀帝一声令下,詹大厨便在不明不白中掉了脑袋。

詹大厨的被杀,令其他御厨们噤若寒蝉。从此之后,御厨们便不敢在菜中放盐,以免惹祸上身。无盐的菜肴令隋炀帝每日食而无味、难以下咽,这才悟出当时詹大厨话中的奥妙。后悔不迭的隋炀帝于是下令,追封忠诚老实、敢于直言的詹大厨为"詹王"。

从此,民间便尊詹王为厨师菩萨,餐饮业也从此供奉詹王为祖师爷。直到今天,在湖北、四川乃至更为广泛的海外华人地区,民间每年都有祭祀"詹王"之俗。即从立秋当天起,连续一个多月(或说四十八天)的时间之内,所有饭店、酒馆和从事烹饪的厨师们,每天都要恭恭敬敬地上香、祭拜,以此来纪念这位"厨神"。

另据流传于清末民初的《采风录》记载,每年农历八月十三日,各地都设有"詹王会",一来供奉这位"厨师菩萨",二来制售各种食物,甚至有时还借此机会来进行厨师们的厨艺比赛;后来,这一天又逐渐演变成为厨师们收徒和弟子出徒谢师的日子——八月十三成为中国厨师们最为看重、华夏厨界最为热闹的日子。因此,民间便流传有"有詹无詹,八月十三"的俗语。

可喜的是,上述这个民间故事还有一个光明的结尾,那就是自从发现自己错杀无辜的詹王之后,隋炀帝开始体恤民情,实行了许多与民休息的政策。更多的版本中,此刻的主角换成了隋文帝或唐太宗——似乎好事全是他们这两位的,而坏事全加在了隋炀帝的身上,这也许就是直到现在人们还是不能客观地评价隋炀帝的原因。

但是,不管这个民间故事的真实性到底如何,隋炀帝与扬州盐业的关系却是非常密切,而且他对扬州盐业是功不可没的——在记载扬州盐业历史的过程中,我们必须以客观公正的态度还原隋炀帝一个真实的形象,因为正是他下令在疏浚古邗沟、修筑山阳运河的基础上开挖了贯通南北的大运河,使得扬州盐业乃至整个扬州经济从自给自足的"古邗沟时代",走向了输送全国各地的"大运河时代",从而出现了"两淮盐业盛于隋唐"的繁盛局面(语见唐仁粤主编《中国盐业史》[地方编])。

一提及大运河,人们都会自然而然地联想到历史上那个已经与乘龙舟沿大运河下江南看琼花、看美女的荒淫生活联成一体的隋炀帝杨广,形成了一条千年不变的"隋炀帝—大运河—琼花—荒淫—亡国"的线索,对他的评价也以不够公正的"恶评"为主;但是,如果把扬州盐业的内容也加入到这条线索之中,我们就可以得到一条完全相反的线索"隋炀帝—大运河—扬州盐业—丰功伟绩"。应该说,用"扬州盐业"替换掉"琼花",用正史典籍替换掉文人故事、民间传说,这条线索必定更加接近历史的真实情况,沿着这条线索,我们便可以寻找到能够更加公正地评价隋炀帝的依据。事实上,隋炀帝下令开挖的大运河,不但解决了饮水、浇灌等问题,还解决了交通运输问题,对小到扬州、大到中国的经济发展都做出了重大贡献。

隋代以前,中原地区的北方人想要南下,往往是借助水路交通,主要是经由涡、颍二水入淮,通过淝水入江。所以司马迁在《史记》中说,当时的合肥、寿春(今均为安徽属地)都是一方都会,"皮革、鲍、木输会也"。隋炀帝开通济渠(唐、宋时称之为汴河或汴渠)之后,汴、淮两水汇合口的泗州(与今江苏盱眙县隔淮水相望)成为南北交通的要隘,"南商越贾,高帆巨橹,群行旅集。居民旅肆,烹鱼酾酒,联络于两隅,自泗而东,与潮通而还于海"(张耒《思淮亭记》,《张右史文集》卷49)。自泗水以下由江淮运河(明代之后称为里下河)入江,于是长江和运河交汇处的扬州应运兴起。

大运河的开通,沟通了长江、淮河、黄河、海河、钱塘江等一条条孤立的水系,方便了南北通商、货物往来,从而促进了当时乃至之后千年的南北经济的发展、文化的交流,扬州就是这个水系之中一个重要的沟通点。因此,扬州成为包括盐运、漕运和其他水运在内的运输枢纽、转运中心,扬州盐业也逐步成为东南地区重要的经济支柱产业,这些都为扬州城市的繁荣奠定了重要基础。也正是由此,扬州才逐渐开始成为东南经济文化中心和对外贸易的重要港

古运河扬州段今景

埠。在以后的历朝历代,扬州曾成为中国的经济、文化中心,有时候还作为一个短暂的政治中心而存在过。如果追根溯源,这些都与隋炀帝有着密不可分的关系。

北周大定元年(581)二月,北周王室外戚杨坚夺取宇文氏政权,登上皇位,建立隋朝,并定都长安。开国之初的隋王朝,依照前朝的制度,禁止百姓私制食盐,盐业完全由官府垄断。但从开皇三年(583)起,官府放开盐禁,任由百姓取卤煮盐,政府也不征收盐税,"通盐池、盐井,与百姓共之,远近大悦"(《隋书·食货志》)。建立初期的隋朝,将国家利益与百姓共享,自然赢得了人民的拥戴,因此也稳固了政权。

自古以来,包括扬州在内的南方地区一直就是鱼米之乡、富饶之地。自从东晋末年士民南迁,大批具有丰富生产经验和先进技巧的农民、手工业者和知识分子带来了中原先进的生产工具、技术和文化知识,从而大大推动了南方经济的发展。此时的广大南方地区到处呈现出一片"良畴美柘,畦畎相望,连宇高甍,阡陌如绣"的繁盛景象。其中,扬州作为南方重要的稻米和丝织品产地,史称江南"地广野丰,民勤本业,一岁或稔,则数郡忘饥……丝绵布帛之饶,覆衣天下"(《宋书》卷54)。此后,扬州虽经历战火,但轻徭薄赋、与民休息的政策,使得扬州经济迅速振兴。开皇九年(589),隋文帝以"江表初定"的原因,减免租税,"给复十年";开皇十年,又以"宇内无事,益宽徭赋";同年还"诏晋王(杨)广,听于扬州立五炉铸钱"(以上引文均见《隋书》卷24)。

隋朝开国初年,扬州继续称吴州,开皇九年改称扬州,大业三年(607),扬州改称江都郡,统县十六,在江北的有江阳、海陵、宁海、安宜、山阳、淮阴、盱眙、盐城、清流、全椒、六合、永福十二县,在江南的有句容、延陵、曲阿、武进四县。所以历史上称扬州为江南名城其实是没有错的。

开皇十年,时任晋王、进封太尉的杨广奉命到江南任扬州总管,镇守江都,统帅江淮四十四州军事,直到开皇十九年离开江都回到长安。在扬州的整整十年中,杨广礼贤下士,尊崇佛教,重视发展经济,多次发布有利于扬州经济发展的政令,显示出不凡的崇文之德、安民之才与定邦之能,从而使江南的政治稳定、经济富裕、军事强盛、文化繁荣,杨广也因此在众皇子中脱颖而出,被立为太子。直到后来登基之后,隋炀帝杨广继续对扬州的百姓给予优厚待遇,如大业元年,隋炀帝诏令"赦江淮以南,扬州给复五年,旧总管内给复三年";大业六年三月,三巡江都时,又给江淮以南父老分别不同的赏赐。

扬州总管十年,杨广也借机迅速而积极地储备了实现其争夺皇位所需的物力与财力。与西汉吴王刘濞非常相似的是,刘濞因"开山铸钱、煮海为盐"而富国强兵,当时任扬州总管的杨广也因铸钱等原因而发达——虽然史籍中没有记录当时他是否利用海盐而致富,但后来大运河的开挖却促进了扬州盐业的快速发展。当然,这是后话,那时的杨广已顺利地获取了皇帝的宝座。

看上去,隋代实行无税的盐业状况,与远古时期夏、商、周三代之前的无税时代非常相似。但细细深究下去,却可以发现事实上两者之间的区别很大。

远古的三代以前时期,地广人稀,官府与百姓共享山泽之利,属于一种纯粹的自然状态,即曾仰丰在《中国盐政史》中所说的"三代以前,俗淳事简,山海之利,未有禁榷,自邃古以至唐、虞,凡二千二百六十九年,皆为无税时代,《史》称'黄帝之世,人民不夭,百官无私,市不预贾,城郭不闭,邑无盗贼,相让以财。'盖当时人类,得共有天然一切产物,尤足为自由制之征焉。"

而隋代开皇三年开始的无税状态,则是因为统治阶级实行轻徭薄赋、与民休息的政策时才可能会出现的情况。在政治分裂的战乱时代,历代的统治者都将盐税看成是资助国家和军队的重要经济力量,向来都是严加控制的,百姓自然不堪其苦。隋文帝自从开国之后,尤其是在开皇九年(589)南下灭陈,结束了自东汉末年以来持续370多年的国家分裂、南

曾仰丰《中国盐政史》书影

北对峙的政治局面,实现全国统一之后,放开盐禁,免除相关赋税,与民休息,实际上起到了百姓支持拥戴、巩固新建政权的作用,使隋朝成为"我国盐政史上值得纪念之一大时期"(语见曾仰丰《中国盐政史》第一章"盐制")。也是在此时,扬州历史迎来了新的重要阶段,朝廷改吴州为扬州,是为扬州正式命名之始,隋炀帝杨广正是在此后一年来到扬州任总管之职的。

除了没有盐税,到了隋代,随着盐资源的开发,盐的品种也愈加丰富,划分也愈趋繁细,盐的功用也在实践中不断扩大。《隋书·食货志》中记载:"后周太祖作相,创制六官。……掌盐掌四盐之政令。"四盐,即"煮海以成之"的散盐和"引池以化之"的盬盐、"物地以出之"的形盐、"于戎以取之"的饴盐——扬州所产之盐当然属于"散盐"。而在《南史·张畅传》中,盐则被细致地划分为十多种,有的是以颜色分,如白盐、赤盐、五色盐;有的则以产地分,如戎盐、盐泉盐;有的更是以形状分,如伞子盐、印盐等。到了隋代,盐也在作为烹饪调味食用的基础上,被拓展到保鲜、贮藏、点茶、医疗等更为广泛的应用范围,某些奇特、名贵的盐品,还被当作奉献皇室的贡品和中外国家之间交换的礼品。

按照高等教育出版社 2002 年出版的《中国历史地理》中记述,"魏晋南北朝时期,这个时期盐产地总数为 69 处。其中……扬州、盐城……21 处为海盐产地"。隋朝统一天下之后,中原地区经济逐步恢复,人口大量增加,刺激着扬州盐业经济的快速发展。在隋炀帝时代,扬州继在西汉时呈现首度繁荣之后,又一次向世人展示出它的非凡魅力。可惜的是,由于隋朝存在时间仅仅只有 38 年,所以关于当时的盐业记录很少能被发现,我们也许不能举例说出当时扬州及两淮地区盐产量、盐税的具体数字,但是,我们完全可以推断出,当时在扬州、盐城等地的海盐生产,依然可以保持甚至超过魏晋南北朝时期。

当然,我们也应该清楚地看到,隋代轻徭薄赋、与民休息政策的制订并非始于隋炀帝,由此可以上溯到其父、隋帝国的开创者隋文帝杨坚。隋代建立之后的第三年即开皇三年(583),当时南朝仍存在,整个中国尚未统一,隋文帝就在自己管辖的地区下令取消酒、盐专卖制，允许当地人民自由采制、自由买卖。与之相反，隋炀帝虽然继续执行其父制订的包括放开私盐之禁在内的各项宽松、自由的弛禁政策，但同时，他又下令开挖大运河，滥用民力，使生产遭到严重破坏。加之穷兵黩武，连年西征突厥，三次东征高丽，三次南巡扬州，穷奢极欲，劳民伤财，加重了百姓的负担，从根本上加剧了隋朝走向灭亡的步伐。

尽管隋炀帝的被杀使隋朝成为继秦朝之后中国历史上又一个二代而亡国的朝代，但从隋文帝起，隋代所创立的各种盐政制度却一直延续下来，对后来李渊父子所建立的唐王朝有着直接而广泛的影响。

第二节　第五琦、刘晏、王播与扬州盐业
—— 唐代初、中期的扬州盐业

本节所介绍的第五琦、刘晏、王播等三位唐代著名人物都曾官任盐铁使，与扬州盐业的发展、变化有着千丝万缕的关系，甚至在今天扬州文化的传承中依然能发现他们当年留下的夺目光彩，让我们一一来了解永存于扬州盐业历史中的几个故事。

继隋代之后，唐代的扬州盐业因扬州成为淮南道治所行政权力增加、地域范围扩大、地理位置特殊、交通运输优势等而继续繁盛，并随着盐法制度的变革，越来越彰显其特殊而重要的地位。

武德九年（626），杜伏威部将辅公祏起兵反唐，叛乱平定后，将原设在今南京的扬州大都督府迁至广陵城。太宗贞观元年（627），分全国为十道，淮南道统辖扬、楚、滁、和、舒、庐、光、蕲、安、黄、申、沔、寿，共十三州。淮南道治所就在今天的扬州，辖境东临黄海，西抵今湖北省涢水，南距长江，北据淮河。而扬州辖下有六个县，分别是江都县、江阳县、扬子县、海陵县、高邮县和六合县。行政范围为现在江苏省扬州市大部（市区、江都市、仪征市、高邮市）、泰州市全部、南京市六合区和今安徽省辖内的天长市。

而且，随着隋代大运河的开通、在全国水陆交通枢纽地位的确立，到了唐代，扬州逐步发展成为江南第一大都会，富甲天下，当时最繁荣的两座城市扬州与益州（即今天的四川成都）被称为"扬一益二"（当时，扬州已成为全国最繁华的工商业城市，经济地位超过了长安、洛阳、益州，所以有"天下之盛，扬为首"的说法，谚称"扬一益二"。而颇为相似的是，成都附近的自贡等地也出产大量"井盐"的食盐）。因具有"南北大冲、百货云集"的特殊地理位置，扬州自然而然地成为当时海盐最大的集散中心。

唐玄宗开元二十二年（734），江淮转运使裴耀卿"置输场，盐仓，以受淮盐"，在扬州设转运院专门运销淮南道扬州、楚州等盐场生产的食盐。特别是肃宗乾元三年（760），刘晏任盐铁使之后，对盐法进行改革，将官运官销部分改为商运商销，使扬州成为盐商汇集、盐监众多、盐船密集的运销中心。江南沿海诸州所产食盐，除供当地销售之外，大多先集中到扬州，然后运往各地。也就是从唐朝开始，池盐（颗盐）、海盐（末盐）和井盐等不同产地生产的食盐划区运销的体制虽不严格但已逐步出现，并在五代至宋朝时最终确立。以扬州为中心的两淮之盐，除了保证当地的食用之外，后来还逐步行销到巴蜀、湖广、赣闽等地，这些我们都能够从李白《梁园吟》"玉盘杨梅为君设，吴盐如花皎白雪"、杜甫《客居》"蜀麻久不来，吴盐拥荆门"、元稹《估客乐》"小儿贩盐卤，不入州县征。一身傥市利，突若截海鲸"、张籍《贾客乐》"金陵向西贾客多……入蜀经蛮远别离"等诗句中有所发现。

唐代中、后期，任命盐铁使主管盐、铁、茶专卖及征税之职，并成为固定职官。盐指食盐的生产及专卖；铁泛指矿冶（包括银、铜、铁、锡等）的征税。盐铁使后与转运使合为一职，称盐铁转运使。唐肃宗乾元元年（758），第五琦以度支郎中兼御史中丞为诸道盐铁使，这是盐铁置使之始。第五琦立盐铁法，从此，征税变为专卖，政府收入大增。上元元年（760），刘晏继为盐铁使，又改进专卖制度，使盐利为唐朝除两税外的最大收入。唐代宗宝应元年（762），刘晏为盐铁使时又兼任转运使，以盐利为漕运经费，使二者密切结合。自刘晏以后，二使常由一人兼任，于是盐铁使与转运使变为一职。唐代后期,盐铁与度支、户部合称三司,至后唐明宗长兴元年(930),合并为一职,称三司使。

《嘉庆重修扬州府志》卷20《赋役·漕运》中记载:"扬郡为江淮津要,唐都关中……皆转漕东南,设转运、发运等使,驻节于此,以经理其事。"说的就是当时盐铁转运使常驻扬州,经办盐铁事务。另设扬子(今江苏仪征)留后,专管囤积在扬州的各项物资,并设有扬州、白沙(今仪征市内)、庐寿、泗州等十三巡院,严禁私产私销,扬州成为盐商活动的最大城市。

唐代建立后的百余年盐政制度最大的特点,是对隋代无税制的继承。直到唐肃宗初,第五琦"请于江淮置租庸使,吴盐、蜀麻、铜冶皆有税"(《新唐书·食货志》)——此处的"吴盐"就是扬州及其周边生产的、今天所说的两淮之盐,然而税额都很轻。如果不是唐玄宗天宝十四载(755)十一月发生安禄山、史思明在范阳发动叛乱的"安史之乱",国家财政收入锐减,财政收支急剧恶化,"纲目大坏,朝廷不能覆诸使,诸使不能覆诸州。……王赋所入无几",加上平叛所需的钱粮费用,增辟财源成为一件十分紧迫的大事,也许这种盐制还要延续更长一段时间。

颜真卿像

第一个因为对盐政制度进行改革而进入我们视线的是著名书法家、"颜体"书法的创立者——颜真卿,不过,当时他的官职是平原太守。当时,为抗击安史之乱的叛军,颜真卿于唐肃宗乾元元年(758),"以钱收景城郡盐,沿河置场,令诸郡略定一价,节级相输,而军用遂赡",采用食盐专卖的方式,成功筹集到了军费,从而保证了他所管辖部队平叛所需的开支。

也就是在这一年,负责财政、运输的盐铁转运使第五琦远承汉代的传统、近借颜真卿的做法,创立了对后世具有很大影响的、由国家统购统销产盐的"榷盐法"(榷,"专略其利"之义)从征税制转变为专卖制。于此,唐王朝盐业政策发生了性质上的巨大变化,先前允许公私兼营盐业的政策至此被废止,变为由朝廷全面垄断官营,禁止私人经营,并采取了直接专卖制的"民产、官收、官运、官销",即"亭户制盐,官府统一收购、运输、销售"的垄断运营方式。

需要特别指出的是,第五琦的姓氏是复姓"第五"、名"琦",直到今天,在扬州老城区内仍然有姓氏为"第五"的家庭存在。不过,他们的祖先与第五琦究竟有着怎样的关系就连他们自己也说不清楚,而且,因为种种原因,他们的姓氏大多也都简化为单姓"第"了。

第五琦认为,"方今之急在兵,兵之强弱在赋",于是,他奏请唐玄宗同意,"创立盐法,就山海井灶收榷其盐,官置吏出粜。其旧业户并浮人愿为业者,免其杂徭,隶盐铁使,盗煮私市罪有差"(《旧唐书·第五琦传》)。

第五琦的做法是,首先将先前的盐业生产户及愿意生产食盐的流民,确定为生产食盐的专门户——"亭户",并将他们编制入专门的户籍,史称"盐籍",隶属盐铁使而不属地方政府管辖,国家免除亭户们的杂徭负担,使其专事生产食盐;其次,在盐铁使下设置盐监、盐院等职能机构,配备相关官吏,由这些官吏对亭户进行具体管理,并以一定的官方定价统购亭户的全部产盐(收榷),加价形成垄断价格(史称"榷价")后,再由官吏们负责运销各地(出粜);此外,下令"盗煮私市罪有差",打击政府官营之外的一切食盐产销活动。这样,就将食盐的生产、运输、销售诸环节全面控制在了朝廷手里,由盐铁使负总责,各地盐监、盐院官吏负责具体经营,形成独立于地方政府之外的垂直经营管理系统。天宝、至德年间,盐价每斗十钱。第五琦任盐铁使之后,"尽榷天下盐,斗加时价百钱而出之,为钱一百一十"——榷盐法实行的结果,有了明显的成效,盐价涨了十一倍,榷盐之利每年收入金额在 60 万缗(缗,穿铜钱的绳子,每缗 1000 文)左右,对当时国家财政极度紧张的状况有了很大的缓解,而以扬州为中心的江淮盐利就达到 40 万缗。

扬州当时是淮南道的首府,淮南道管辖长江以北、淮水以南的扬州、楚州、泗州、濠州、滁州、庐州、寿州、和州等八州,即今天江苏中部、安徽东部广大地区。从唐高祖武德九年(626)改邗州为扬州后,扬州就成为了大都督府的所在地。其时,扬州领江都、六合、海陵、高邮等四县。玄宗天宝元年(742),改扬州为广陵郡,领江都、江阳、六合、海陵、高邮、扬子、天长等七县。扬州直属的江都、海陵,楚州所属的盐城、涟水皆为产盐区,唐人许棠《送李员外知扬子州留后》有句"冶例开山铸,民多酌海煎"(《全唐诗》卷603)可作证明。

需要指出的是,随着盐商们纳钱比例的增大,钱币的运输成为重要的问题,而沉重的铜钱转输往往需要耗费巨资。据《旧唐书》记载,唐德宗兴元元年(784),负责钱粮收支的尚书右丞元琇"以京师钱重货轻,切疾之,乃于江东监院收获见钱四十余万贯",想要让驻扎在扬州的江淮盐铁转运使韩滉"转送入关"。而韩滉则以"运千钱至京师,费钱至万,于国有害"为由拒绝了元琇,并由此引出了一场新的"将相不和"。也就是在这种情况下,"飞钱"出现了。

"飞钱"是什么?《新唐书·食货志》这样介绍道:"宪宗以钱少,复禁用铜器,时商贾至京师,委钱诸道进奏院及诸军、诸使富家,以轻装趋四方,合券乃取之,号'飞钱'。"形象化的表述,就是凭一张轻飘飘的纸质票券支取,而不必再将沉重的铜钱运来运去,这种钱币似乎能够无翅而飞,所以称之为"飞钱"——此乃中国货币史上纸币的最早源头。

飞钱出现之后,盐商大贾只需将铜钱交到指定地点后领取票券往盐场兑盐,免除了盐商与官府的转输铜钱之繁劳,故而迅速流行。因为盐铁转运使司等官署都有分司驻于各地,而且,盐商也许是当时飞钱使用率最高、数额最大的商人,于是,盐铁转运使司的各地分司机构便自然而然地就成为飞钱兑换的机构,并且因此飞钱还多了一个名称——"便换"。唐宪宗元和七年(812),王播奏称:商人于户部、度支、盐铁三司飞钱,谓之"便换"。

唐玄宗天宝十四年(755)至代宗广德元年(763)爆发的安史之乱,拦腰斩断了大唐的黄金盛世,使得中原和北方广大地区的社会经济遭到严重破坏,经济彻底摧毁。安史之乱后的广德二年,京城米价飙升到每斗1000

文。与大乱之前开元十三年的每斗米不到 20 文相比较,通货膨胀率达到了5000%。当时物资已经紧张到甚至连皇宫也是吃了上顿没下顿的程度。

但是,未经战火的江淮地区仍在继续发展,成为国家赋税收入的主要来源,承担了接济京师粮食的重任。而地处"淮南江北海西头"而又扼运河入江之口的扬州,已成为东南最大的经济都会。尤其是两淮地区的产盐量迅速增长,如楚州从大历末年李承筑常丰堰以御海潮后,产盐量激增;盐城每年产盐量为四五十万石,而海陵的年产量则为六十万石(《太平寰宇记》卷 103 引《元和郡县图志》)。日本高僧圆仁在其著述的《入唐求法巡礼行记》中记载,他们一行从如皋向西而行,到延海乡延海村停宿,半夜时分,见到"盐官船运盐,或三四船,或四五船,双结续编,不绝数十里,相随而行,乍见难记,甚为大奇","所载之盐即为海陵所产,产量之多,运输之繁,可以概见"(李廷先《唐代扬州史考》)。

但是,第五琦的"榷盐法"也存有许多弊端。全面垄断食盐的生产、运输和销售诸环节,使得朝廷不得不设置大批的盐监、盐院机构并配备大量官吏,以致机构臃肿、效率低下,经营管理的成本大增;官吏太多,又势必滋生腐败,有些官吏假公济私,中饱私囊,损耗流失也增多。这些弊端和缺陷,都直接影响到了食盐垄断利润的纯收入。肃宗上元元年(760),刘晏出任盐铁转运使,对第五琦榷盐法进行了系统的改进,形成新的榷盐法,取得了更大的财政效益和社会效益。

历史记载中的刘晏,似乎每一次出场都表现出一种特有的神奇——

唐开元十三年(725),玄宗皇帝率领群臣到泰山封禅,车驾行至兖州行在时,一个七岁的幼童赶来献上了一篇《东封书》。玄宗皇帝阅后深表惊奇,命宰相张说面试这位小作者的才学,结果十分满意,张说称其为"国瑞"(意为国家的祥瑞)。随后,玄宗皇帝把这名神童带回京城长

刘晏像

安,并授以官秩正九品的"秘书省正字"之职——秘书省是主持国家图书事业的中央行政机构,也是保存和整理国家藏书的主要场所;正字即校对之职——这名神童因此名声大振。这便是后来成为有唐一代著名的经济改革家、理财家的刘晏在《新唐书》、《旧唐书》中最初的"出场秀"。

而这一事实后来被南宋著名学者王应麟编入了传诵千年、历代必读的儿童启蒙读物《三字经》之中,并把刘晏树立为当时青年才俊学习的榜样,使得刘晏的名字在后代也家喻户晓、妇孺皆知——"唐刘晏,方七岁。举神童,作正字。彼虽幼,身已仕。尔幼学,勉而致,有为者,亦若是。"(译文:唐代的刘晏,才只有七岁,就被推举为神童,并且做了负责刊正文字的官。刘晏虽然年纪这么小,但却已经做官进入仕途。如果你也想要成为一个有用的人,只要勤奋好学,也可以和刘晏一样名扬后世)

刘晏真正与扬州结缘,就是因为扬州的盐,而且,他后来与盐相关的一次次出场也是那样的神奇!

第五琦被罢官之后,刘晏继任盐铁使。几经波折,唐代宗任命刘晏为御史大夫直至户部尚书、吏部尚书,领江淮和东都、河南、山南等道盐铁、转运、租庸、常平使,以增加国库的财赋收入,长达十几年之久。刘晏受命之后,大胆改革,恢复了废置已久的漕运事业,使江淮财赋源源运进关中,缓解了关中财政紧张的局面;同时,以盐利为漕佣,依靠食盐专卖来支持他的漕运改革;更重要的是,刘晏大力整顿了唐代的食盐专卖制度,改革了第五琦创立的榷盐法,由民制、官收、官运、官销的直接专卖制,改为民制、官收、商运、商销的间接专卖制,即对后世产生了深远影响、历代"盐法之善无过于此"的"就场专卖制"。

这种在食盐的运输和销售方面进行改革的"商运商销"新制,是由盐政机构将统购到的食盐按官方定价(榷价)卖给商人,再由商人运销各地,采取了"借商销盐"的新方法,即"出盐乡因旧监置吏,亭户粜商人,纵其所之",将盐政机构从繁琐的运销事务中解脱出来,大大降低了经管运营成本。而以榷价购得官盐的商人,实际上成了处于附庸地位的官盐批发商。刘晏推行的就场专卖制,从根本上保障了朝廷从食盐上源源不断地获取高额垄断利润。用现代人的观点来看，刘晏新法的高明之处，是在食盐的运销上尊重了价值规律和市场原则，引入了商人和商业机制，通过主动以商品经济法则进行市场运作，扩大市场功能，从而使新法更加灵活和富有成效。

当时，许、汝、郑、邓州以西之民，皆食用河东池盐，由度支掌管；汴、滑、唐、蔡州以东，皆食用海盐，由刘晏掌管。在他掌管的食用海盐的地区，坚持了原先第五琦的官营原则，同时又在官营与私商、盐户的关系方面作了调整，改为更加灵活的官督、民制、官收、商运、商销形式。刘晏又以盐"生霖潦则卤薄，暵旱则土溜坆，乃随时为令，遣吏晓导，倍于劝农"（意为：盐以卤为主，霖雨过多，则卤质淡薄，成盐就困难；晴久地干，则碱土成溜坆起，可大量淋出浓卤，以便煎煮，只有晴雨得所，方能收益多）。为增加食盐生产，刘晏根据各个时期的气候情况，派人晓谕盐户宜采取什么措施，具体指导如何提高制盐技术。因此，在江淮地区的扬州、楚州和吴、越等地"盐廩至数千，积盐二万余石"。

扬州海盐最初建立专场产盐，当始于唐代宗宝应年间刘晏任盐铁使时，后来，于淮北设监院，并于今天涟水设海口盐场，又于唐文宗大和五年（831），增设如皋盐场。这样，朝廷统共就在楚州境内的涟水和湖州、越州、杭州设有四个盐场，在扬州、楚州境内的海陵、盐城以及嘉兴、新亭、临平、兰亭、永嘉、大昌、侯官、富都等十个地方设立盐监，每年得盐税为百余万缗。

为了保障销售官盐的商人获利，从而确保官盐营利，刘晏奏罢诸道对盐船过境时州县收税的做法，"禁堰埭邀以利者"，使盐船所行畅通无阻。同时，又于淮北十三处如扬州、汴州、宋州、淮西等地置巡院，以"捕私盐者"，"奸盗为之衰息"。刘晏实行的这种"就场专卖制"的政策，是以官商分利的榷盐法代替了过去官方专利的禁榷制度，促进了盐业的发展，因而也大大增加了盐税的收入。

据当代著名经济史学家吴慧研究发现，刘晏刚开始接办东南盐务时（766），江淮盐利收入一年不过四十万缗（刘晏榷盐区的全部盐利收入为一年六十万缗）；到了大历末年（779），在币值已趋稳定的情况下，东南地区盐利收入增加到六百万缗。当时一年征赋收入总共一千二百万缗,而刘晏十几年之中盐利增值超过十倍,年收入占全部收入的半数以上,在整个国民经济的收入中地位举足轻重,成为皇室及军费、官俸等开支的重要财源,有效保障了军国所需,取得了显著的财政效益;同时,刘晏理财期间,"民得安其居业,户口蕃息。晏始为转运使,时天下见户不过二百万,其季年乃三百余万。在晏所统则增,非晏所统则不增也",也取得了较好的社会效益。因而,史书上称:"天下之赋,盐利居半,宫闱服御、军饷、百官禄俸皆仰给焉。"刘晏改革榷盐法,获得了巨大的成功。

除了被称为"神童",史书中记载刘晏的还有一处与扬州盐业有关的、"人以为神"的事情。

当时,海盐生产旺盛,但池盐生产却因为当地连续阴雨而无法晒出盐来,因此,靠池盐供应的京城长安盐价飞涨、人心惶惶。为平抑盐价、安定人心,唐代宗下令紧急运送食盐到关中应急,而这需要食盐三万斛(石)。唐代一斛约合今天的 40 斤,120 万斤的食盐,这绝对不是一个小数字!而要筹集如此多的食盐也绝非易事,不少人都认为半年之内能凑足就是件了不起的事情了。没想到的是,刘晏只用了短短四十天的时间,就从扬州调集了三万斛食盐并通过漕运直接运送到了长安,缓解了京城的压力。所以《新唐书·刘晏传》留下了这样的记载:"京师盐暴贵,诏取三万斛以赡关中,自扬州四旬至都,人以为神。"

也许有读者要问,为什么刘晏要从扬州调集食盐?刘晏又是如何在如此短的时间之内完成这项艰巨任务的?

事实上,因为刘晏多年以来实施的惠政,增加了包括扬州在内的海盐生产,而且,他还在各交通要道设立几千个盐仓,及时将场盐尽数收买、储以备用,哪个地方盐脱销,可以就近调运供应。盐仓、盐监和盐场,构成了一套完整的食盐官营商业网络,保证了平时食盐足够的供应。而且,刘晏还准备了一笔"常平盐",所以当食盐供应一旦紧张而造成盐价上涨,"则减价以粜民"。而当出现像京师长安食盐紧缺的严重困难、需要组织收购时,刘晏也能够轻而易举地获得足够数量的食盐。当时的扬州，不仅是重要的产盐地区，而且还是重要的食盐集散地，朝廷专门设置巡院督办盐事。江南沿海诸州所产食盐，除供当地销售之外，大多先集中在扬州，然后运往各地。同时，刘晏疏浚河道，拨付资金在扬子县（今仪征市）开设10个船厂专门建造运输船，改革漕运制度，原本用来运输粮食的内河，百舸争流，畅通无阻，也为他及时调集食盐创造了良好的条件。《旧唐书·食货志》记载："自江淮至渭桥，率十万斛佣七千缗，补纲吏督之。……广牢盆以来商贾。凡所制置，皆自晏始。"意思是说从刘晏榷盐新法推行之后，制定了相应的运销制度和管理设置，当时全国盐业生产已得到大规模的发展，商人直接参与食盐的流通环节，负责食盐的转运与销售。而这些不仅创造了唐朝的辉煌，也为以后的历朝历代广为效法。

虽然"安史之乱"之后濒于破产的唐王朝因为刘晏"就场专卖"的盐法改革，加之"其理财常以养民为先"（"养民"一作"爱民"）而转危为安，刘晏首创的食盐就场专卖制也成了直到实行"纲盐法"之前，封建社会历代食盐专卖一直采用的主要形式。但是，随着唐代另一位著名的理财家杨炎的出现，刘晏最终竟屈死于巴蜀之地的忠州（今重庆忠县）。

杨炎尽管比刘晏年轻12岁，但他们同为唐代著名理财家，并在朝廷里共过事，刘晏还做过杨炎的上司。这样两位极富才华之人不相上下、难分伯仲，人品却如云泥般高下不同、相差悬殊，令人不禁产生"既生瑜，何生亮"之感。

杨炎，字公南，凤翔天兴（今陕西省宝鸡市一带）人，是当时有名的美男子，而且诗文之才名满天下。特别是杨炎父亲去世后，他住在坟墓旁的草屋里守丧，号哭之声不息，朝廷闻之，特地下诏在全国予以表彰旌扬。唐德宗时，杨炎任宰相，在他主持下，提出并实施用"两税法"代替租庸调制这一具有划时代意义的财税改革主张，这是唐代，也是中国封建社会赋税史上的一件大事。"两税法"收税对象是资产，扩大了纳税范围，减轻了农民负担，简化了税制，集中了纳税时间，方便了民众，增加了政府税收，因此有利于促进生产发展。

在仕途上，杨炎还有一个很硬的政治背景，那就是他和大历年间位高权重的宰相元载是同乡、亲戚、亲信,元载也因此希望杨炎将来能接自己的班。但不幸的是,由于大历十二年(777)刘晏奉唐代宗之命办过"长恶不悛"、"弄权自恣,人皆恶之"(语见《旧唐书·元载传》)的元载的案子。元载获罪被诛杀(元载的长子伯和,先是贬在扬州兵曹参军,元载获罪之时,命中使驰传于扬州赐死。此事与扬州相关,特于此赘书一笔),并因此牵连了被元载提拔起来的杨炎,也被远贬至道州(今湖南道县)任司马,从此两人结下了"梁子",杨炎一直在寻找机会报仇雪恨。

机会出现在唐代宗大历十四年(779)五月,代宗去世,太子李适继位,是为唐德宗。同年八月,杨炎在道州司马这个小官上直接被提拔为宰相。原来,在大历年间,代宗因宠爱独孤贵妃,曾企图废掉李适太子的地位,改立贵妃所生的儿子李回为太子,遭元载极力反对,李适才保住了太子地位。李适当了皇帝,对为了自己献出生命的元载充满感激,于是一上台就破格提拔元载的亲信杨炎担任吏部侍郎。

杨炎回朝之后,内心充满着一种复仇的狂热——他要除掉刘晏,为恩人元载和自己报仇。刘晏政绩显赫,声望卓著,廉洁自律,要想将他置于死地并非

唐德宗像

易事。于是,杨炎便常常在德宗面前进谗言,说刘晏的坏话,从而激怒了德宗,导致刘晏被撤去盐铁转运使的官职,贬至忠州当刺史。之后,杨炎又授意自己的亲信、荆南节度使庾顺,诬告刘晏曾经参与废立太子、企图谋反,从而导致66岁的刘晏蒙冤而被绞杀。

出乎所有人意料之外的是,在查抄刘晏之家时,他的家里只有杂书两车,粮食数斗。刘晏长期主持全国经济,每年过手的钱物何止亿万?杨炎原以为通过抄家可以揭出一些刘晏贪污腐败的罪证,没想到反倒证明了刘晏是个大大的清廉之官。

　　而更出乎所有人意料之外但又在情理之中的是,杨炎整死刘晏之后仅一年零三个月,自己也死于接任其宰相之职的卢杞的阴谋构陷,忌能妒贤、奸诈邪恶的卢杞向德宗进谗言说,杨炎竟然将自己害死刘晏的责任推给了德宗。可以想见的是,德宗对此极为愤怒,先将杨炎贬为崖州(今海南琼山东南)司马,走到半道,又将他赐死——正应了那句"天理昭彰,害人者必被人害"的老话。

　　建中二年(781),官任扬州淮南节度使的陈少游在奏请增加其他赋税的同时,又将江、淮之食盐每斗加价二百文,比旧价每斗一百一十文增加了近两倍,其后又增至三百七十文,较开元、天宝时期增加了近四十倍。更有甚者,奸商有时还将售价再增加一倍,数斗谷物只能换取食盐一升,苦于高价的百姓平时只得"淡食"——少吃盐甚至不吃盐。

　　刘晏离开扬州四十多年之后,唐穆宗长庆二年(822),中书侍郎、平章事王播出任淮南节度使,兼诸道盐铁转运使,衣锦荣归回到故里扬州。

　　事实上,即使后来王播没有担任淮南节度使而出镇扬州,即使后来王播没有先后两度官任盐铁转运使而管理包括两淮盐政在内的大半个中国的盐政,单单是他的那两首保存在《全唐诗》中的七言绝句,以及后人传诵不已的"饭后钟"、"碧纱笼"的典故,还有与之相关的那座至今仍然矗立在文昌中路的唐代古塔——石塔寺(唐时称惠照寺,后改名为木兰院),王播也注定会在扬州的历史上留下他的名字。

　　王播(759—830),字明敳,祖先是山西太原人,父亲王恕官任扬州仓曹参军,因而举家迁往扬州,并定居

唐代石塔寺

于江边的瓜洲。王播青年时期,家境贫苦,曾经寄食在扬州木兰院(一说在瓜洲寺院),跟着僧众一起吃斋饭。时间一长,诸僧都有点讨厌他、怠慢他。僧众们平时吃饭之前,都要敲钟。但有一天,众僧故意先吃饭后敲钟,当王播听到钟声赶到斋堂时,他们早已吃完饭、收拾好餐具,坐等着嬉笑、嘲弄王播。王播只好在难堪中饿着肚子回到住处。受人白眼、戏弄后的王播于是在墙壁之上题诗,记录下这令人心痛的一刻。

富有传奇色彩的是,王播在这样的逆境中发愤攻读,终于学有所成,考中了进士,并在三十年后官任淮南节度使,出镇扬州。踌躇满志、衣锦还乡的王播寻访到过去穷困潦倒时的寄食之所木兰院,令他惊喜的是,当年他题写在寺中墙壁之上的那些诗句,已经被势利眼的僧众们用精美的碧纱郑重其事地罩上。如此的人情冷暖、世态炎凉,令王播感慨不已,于是他当即写下了《题木兰院二首》:

其一

三十年前此院游,木兰花发院新修。

如今再到经行处,树老无花僧白头。

其二

上堂已了各西东,惭愧阇黎饭后钟。

三十年来尘扑面,如今始得碧纱笼。

而"饭后钟"、"碧纱笼"这两个典故,将僧众们对王播前倨后恭的态度形象真实地描绘了出来,从此便成了后代文学作品中常用的典故。

而在历代吟咏王播其事的诗作中,以宋代大文豪苏东坡所作《石塔寺》最有新意。其中,"斋厨养若人,无益只遗患。乃知饭后钟,阇黎盖具眼",寓意最深,已故著名扬州文史专家李廷先在《唐代扬州史考》中指出:"'斋厨'之句,讥其为害百姓,最为新警,虽戏语,亦笃论也。"

王播"为害百姓"? 这是怎么一回事? 其实这又与扬州之盐有关。

首先来看看王播二度担任盐铁转运使官职的情况。据唐代野史《玉泉子》所载，"淮南节度使王播，以钱十万贯，赂遗恩幸，求盐铁使"。原来，王播第二次担任盐铁转运使竟然是用十万贯钱换来的！

当时，任职扬州的王播不仅没有因为江淮大旱而体恤民情，相反地，他"设法掊敛，比屋嗟怨"。敬宗即位，罢免了王播的盐铁转运使之职。王播想方设法广求奇珍异宝行贿宦官王守澄，并通过其特殊关系影响到敬宗皇帝。两年之后，敬宗竟不顾群臣反对，再度任命王播为盐铁转运使。

再来看看王播这十万贯贿赂之钱是从何而来的。正所谓"一朝权在手，便把令来行"，王播被恢复旧职之后，变本加厉地在盐铁专营的项目中巧立名目收取赋税，尤其是他继承和发展了其前任杜亚"羡余"的做法，更令百姓雪上加霜、苦不堪言。

在《旧唐书·敬宗纪》中记载："播自掌盐铁，以正入钱进奉，以希宠固位，托称'羡余'，物议欲鸣鼓而攻之。"而据《旧唐书·食货志》记载：长庆元年三月，盐铁使王播"又奏：'诸道盐院粜盐付商人，请每斗加五十，通旧三百文价；诸处煎盐停场，置小铺粜盐，每斗加二十文，通旧一百九十文价。'"需要特别强调指出的是，当时，包括扬州在内的江淮地区，已经连续旱灾四年了！"播至扬州，属岁荒旱，人相啖食，课赋不充，米价踊贵"，已经到了人吃人的地步，甚至连王播自己在奏折中也称："乌江百姓（饥饿之极）杀县令以取官米。"在这种情况下，王播仍然大肆搜刮，以买恩宠，一人得志而万民枯槁，的确是为害百姓、"民之大害"。

"羡余"，是指在唐代之后，地方官员以赋税盈余的名义向朝廷进贡的财物。在《新唐书·食货志二》有这样的记载："淮南节度使杜亚……皆徼射恩泽，以常赋入贡，名为'羡余'。"指的是唐德宗贞元四年（788）时，任职淮南节度使（治所在今扬州）的杜亚为博取皇帝欢心，巩固自己的地位，采用加收赋税、克扣俸禄、贩卖商品的办法聚敛财货，除自己挥霍外，就作为羡余献给皇帝。白居易《重赋》诗中"号为羡余物，随月献至尊"，反映了当时盛行进奉之风的程度，说明中央允许地方官吏加紧剥削，皇帝坐地分赃。这使得更多的工商业者在正税之外,还要再纳贡,增加了额外的负担。

史籍记载,王播在任期间,大肆搜刮民脂民膏,并把搜刮来的钱财以盐铁赋税盈余之名进贡皇室,"希恩取媚",邀功请赏,而美其名曰"羡余"。唐敬宗宝历元年(825)七月,仅一次他就进奉羡余绢一百万匹,此后又"仍请日进二万,计五十日方毕",可谓超额完成了任务。次年七月,又进奉羡余绢十万匹。唐文宗大和元年(827),他进奉绫绢二十万匹,大小银碗三千四百枚。即使临死之前,王播仍进奉了绫绢二十万匹的羡余。

王播"随势浮沉,不修名节,奸邪躁进,君子耻之",其人品虽不足称道,但他"全为官家而不入私囊,皆在上者有以促成之也",李廷先在《唐代扬州史考》之中作出这样的分析,可谓切中肯綮,不偏不倚,合情合理。而王播在扬州盐铁转运使任开挖扬州城内运河支流,也许可以称得上是虽不能掩其过错,但可称为惠政的唯一政绩。

宝历二年正月廿八日,王播上奏唐敬宗,称扬州城内旧运河水浅,舟船滞留误期。恳请从城南阊门之外的古七里港开挖河道,向东延伸,取道禅智寺桥,东通旧官河,长度总计十九里。而且整个工程的费用,全部由盐铁使王播自行解决。既有益于百姓,又不要朝廷给钱,这样的好事自然得到了敬宗的准奏。于是,从此以后,扬州城内多了一条连通内外的、引长江之水补益扬州城里运河进行漕运的河道。从此,漕船不再走城内官河,大大方便了船只的通行。有专家考证,这条河就是位于今开发区扬子桥至施桥的一段河道,旧称七里港河,曾名深港,现名施桥支港。

也正是如王播等人在任职盐铁转运使期间,为固朝廷恩宠而欲多有贡献,大肆侵剥盐利,以致私盐盛行,官收达不到计划产盐的一半,从而使得官卖盐价不断攀升,令百姓不得不"淡食"。尽管后来唐宪宗元和年间李巽继杜佑任职盐铁转运使,对盐政重加整顿,情况好转,盐价下调到每斗二百文,但与天宝、至德年间相比较,价钱还是要高出二十倍之多。而且随着李巽的去职,江淮盐政又陷于混乱,直到唐朝灭亡,再未改变。

不仅如此,由于朝廷用人不当,相继罢免了第五琦、刘晏等人,致使盐法大坏,领盐官吏贪虐成性,私盐贩日益猖獗,从而激起了民怨沸腾,社会矛盾日益加剧,官府与民众之间的对抗犹如干柴与烈火般一触即燃,一场摧枯拉朽、推翻唐王朝极权统治的暴风骤雨正在默默地酝酿之中……

第三节　从白居易《盐商妇》中的"扬州小家女"谈起

——唐代晚期及五代时期的扬州盐业

习惯上,历史学家常常将唐文宗大和九年(835)"甘露之变"到哀帝天祐四年(907)之后唐王朝逐渐走向衰败的七十余年时间,称之为晚唐时期。这段时期,全国各地农民起义风起云涌,包括扬州盐业在内的唐代经济也受到了极大的冲击和影响,甚至于连皇帝的敕文、诏书中都不时直接提及相关情况。唐文宗李昂(827—840年间在位)在《追收江淮诸色人经纪本钱敕》中说:"江淮富户大家,纳利珠少,影庇至多,私贩茶盐,颇挠文法";武宗李炎(841—846年间在位)则在《加尊号后郊天赦文》中指出:"如闻江淮诸道,私盐贼盗多结群党,兼持兵仗劫盗及贩卖私盐。"

为了确保盐税收入,查缉私盐,唐朝直至五代十国时期所立法规,从严从繁,动辄判以重刑乃至极刑。后唐长兴四年(933)规定,"刮咸煎盐,不计斤两,并处极刑";五代时期,盐法规定"私盐十斤以不计多少,买卖人脊杖二十,处死"。后周太祖郭威于广顺元年诏改盐法更为严酷,凡犯五斤以上者处死,煎盐一斤以上者处死。但是,严刑峻法非但不能杜绝私盐,反而激起盐枭、劫盗的强烈抗争。扬州当时也成为不法盐商、私盐贩子与唐朝政府进行较量的重要场所。当时的盐商、盐贩怎么能够形成与政府相抗衡的强大实力呢?

让我们先来看看白居易在《盐商妇》一诗中提到的几行相关的诗句:"婿作盐商十五年,不属州县属天子。每年盐利入官时,少入官家多入私。官家利薄私家厚,盐铁尚书远不知。"笔者所引第一句,是说盐商直通天子,地方官府根本奈何不得他们;第二、第三句是说盐商所获盐利,朝廷所得只是少数,他们自己所获却是非常丰厚——究竟有多丰厚,甚至连那些专管盐政、盐税的官员也远不知道。由此可见,盐商们的尾大不掉、肆意妄为来自平素朝廷的养痈贻患,来自盐商们长期以来隐匿不报的那些富可敌国的丰厚盐利。

究竟唐代的盐商特别是唐代扬州的盐商能够拥有多少盐利,我们还是通过白居易的《盐商妇》这首诗从侧面来了解一下。

盐商妇

盐商妇,多金帛,不事田农与蚕绩。

南北东西不失家,风水为乡船作宅。

本是扬州小家女,嫁得西江大商客。

绿鬟富去金钗多,皓腕肥来银钏窄。

前呼苍头后叱婢,问尔因何得如此?

婿作盐商十五年,不属州县属天子。

每年盐利入官时,少入官家多入私。

官家利薄私家厚,盐铁尚书远不知。

何况江头鱼米贱,红脍黄橙香稻饭。

饱食浓妆倚柁楼,两朵红腮花欲绽。

盐商妇,有幸嫁盐商。

终朝美饭食,终岁好衣裳。

好衣美食来何处,亦须惭愧桑弘羊。

桑弘羊,死已久,不独汉时今亦有。

诗中的女主人公原本是一个出生在扬州的朴实无华、小家碧玉、天真俏丽的小姑娘,到后来成为一位穿金戴银、锦衣美食、雍容华贵的贵夫人,她变化的根本原因就是因为她嫁给了一位江西盐商,而当时的盐商已经不是刘晏时期那种盐商的形象了。

由于唐代从刘晏起首创"就场专卖制",保留了原来制度中的"民制官收",但将其中的"官运官销"改为"商运商销",强调和增加了扩大食盐流通的机制和环节,从而增加了盐利的收入。史载刘晏"于出盐之乡,置盐官,收盐户所煮之盐,转鬻于商人,任其所止"(《资治通鉴》卷 226)。从此,直接专卖制变成了间接专卖制度,国家只掌握食盐的头道批发,后续的运输和零售都由盐商们去做。

为了缓解盐商们在资金上的不足,吸引并鼓励盐商想方设法加大食盐运销,调动盐商们经营食盐的积极性,保证新制度的实施,刘晏还多方给盐商们大开方便之门。刘晏奏请朝廷废除了原来食盐运销过程中各地官府向盐商们加收各种税赋的做法,大大降低了运盐成本,减轻了盐商们的额外负担。他还规定盐商们可以"纳绢代钱",绢帛的定价还外加 20% 的贴水利息,用以购买食盐。当然,刘晏也绝不会让朝廷吃亏,两相交换,食盐卖出去了,同时,大量朝廷所需要的、可供戍守边疆的将士们制作军服之用的绢帛也交到了官府手中。更为重要的是,在对盐商们有所照顾和优待的同时,刘晏也有相应的控制和防范措施,将盐商们列入盐籍,由盐铁使统一管理;不允许商人自恃坐大而目无法纪、投机倒把。因此,刘晏时期的绝大多数盐商更多的是奉行老祖宗"薄利多销,无敢居贵"的经商秘诀,通过自己的勤苦劳作而获得应得的同时也是可观的利润。

其实,唐代的盐商尤其是大盐商的真正崛起,是在唐宪宗时期(806—820)。因为唐德宗时期(780—805),官府已经逐渐对盐价失去了控制,刘晏过去所实行的稳定市场价格的种种措施均已不再执行,连常平盐也被绝大多数的地区所放弃,只被缩小到唯有两京地区才有。著名经济学家吴慧在《唐代的盐法与盐政》一文中指出,"而官方却带头大幅度提高盐价,商人在很少受限制的情况下,乘机抬价射利,投机者很快发了大财。再加上过高地虚估折交盐价的绢帛和其他物资,也对购盐商人大有好处,这样就为宪宗时期以来大盐商的崛起开拓了利途"。

唐穆宗长庆年间(821—824),王播为了从盐业中获得更多的利润,对盐商们采取了免除徭役等保护性措施,提高他们政治、经济等各方面的待遇。他特别向朝廷奏请,"应管煎盐户及盐商,并诸盐院停场官吏所由等,前后制敕,除两税外,不许差役追扰。今请更有违越者,县令奏闻贬黜,刺史罚一季俸钱。再犯者,奏听进止,并从之"。也就是说,除了两税之外,盐商们应该免除一切徭役,这已经是一再有所规定的事情,如果地方官吏违反了相应规定,就应该受到不同等级的处理——这些资料都记载在《唐会要》、《册府元龟》等史籍之中。

随着刘晏错被冤杀,以及后来盐法制度的日益紊乱,官府大幅提高食盐价格,盐商乘机跟进、不断提价谋利而到了肆无忌惮的程度。前文曾提及唐代建中年间,扬州的食盐在官府提价至每斗三百七十文的基础上,不法盐商竟又加价一倍,从而使得数斗谷物才能换取一升食盐,弄得江淮一带的一些贫民百姓不得不"淡食"。

而白居易《议盐法之弊》中这样的话语,正好可以作为上文所引其诗《盐商妇》中"盐商"的注解:"自关以东,上农大贾,易其资产,入为盐商。率皆多藏私财,别营裨贩,少出官利,唯求隶名。居无征徭,行无榷税,身则庇于盐籍,利尽入于私室。"

白居易文中大意是说,关中很大区域之内原本从事农业、商业的富户们,都变换家产投资进入盐业,成为盐商。他们大多都借运销食盐为名,但却夹带私货,所获应该上缴之利当然也只有少部分交给了官府,大部分私有财产都被藏匿起来。他们家中既没有徭役的负担,也无须交更多的赋税,那都是因为他们是官府登记在册的正规盐商,所以他们获得的利润也尽数收入了他们的私囊之中。

有唐一代,随着盐商们获得的利润越来越丰厚,他们的地位也越来越高,影响也越来越大,盐商们的生活越来越铺张豪华、奢侈矜贵——从唐代推行榷盐法开始,盐商一跃而成为有别于其他诸如米商、木材商等特权商人,成为一个新的特殊阶层——事实上,他们已经成为影响封建王朝政治、经济的一种举足轻重的力量。而且,由于盐商子承父业的世袭制度,他们的子弟在巨大经济后盾的支持下开始转而向政治方向进军，挤入仕途的盐商子弟大有人在。毕诚"本估客之子"，在杜悰于扬州任淮南节度使时，"置幕中，始落盐籍"，成为盐商，但他苦心经营进入仕途，终于在唐懿宗咸通年间出任宰相。在这种情况下，大盐商们与朝廷之间已经逐步形成一种隐形的联盟关系，可谓休戚与共，因此即使唐末发生政治动乱时许多不同阶层都参与其中，但盐商往往大都置身事外。

与白居易这首《盐商妇》相同，在唐诗中还有许多直接写到当时在扬州经营的盐商与扬州女子之间情感故事的诗句。其中，在当时与白居易并称"刘白"的刘禹锡在扬州也留下相关诗章。

唐敬宗宝历二年（826）冬，刘禹锡被罢和州刺史后，回归洛阳，途经扬州，与被罢苏州刺史也回洛阳的白居易相逢。相同的经历遭遇，使两人有了更多的共同语言。席间，白居易"把箸击盘"吟诗一首《醉赠刘十八使君》，为刘禹锡的长期被贬鸣不平。刘禹锡回忆往事，感慨万千，和了一首《酬乐天扬州初逢席上见赠》，以答谢白居易，在扬州留下了"沉舟侧畔千帆过，病树前头万木春"的千古佳句。除了这首诗之外，刘禹锡笔下还有一首与白居易《盐商妇》、《琵琶行》相类似的七绝短章《夜闻商人船中筝》，记述的同样是在扬州经商的江西客商娶多才多艺的扬州姑娘为妻的事情：

> 大艑高帆一百尺，新声促柱十三弦。
> 扬州市里商人女，来占江西明月天。

连续看到出现于白居易、刘禹锡两首诗歌之中在扬州经商的唐代江西盐商，令人不禁联想起此后明、清两代扬州盐商当中的"江右商"，和民国时期的周扶九、肖云蒲、廖可亭等赣商，这些江西盐商都在扬州盐业史上做出过重大贡献，笔者将于后文之中再作更为详细的介绍。

倒是另外一种贩卖私盐的盐贩子、盐枭，需要在此向读者朋友作些介绍，因为，唐朝最终走向灭亡，就与两个私盐贩子——王仙芝、黄巢密切相关。

提起黄巢,更多的读者朋友首先可能会想到一句被当代著名电影导演张艺谋用作片名的佳句——"满城尽带黄金甲"。黄巢(? —884),曹州冤句(今山东菏泽)人,出身于一个世代贩卖私盐的家庭。他文武双全,既长于骑射,爱扶危救急;也爱读书,参加过进士考试,不中。正是那次名落孙山、应试不中而悻悻离开长安城之前,满怀愤懑又满怀信心的青年书生黄巢写下了《不第后赋菊》诗,并开始正式从事贩卖私盐活动:

待到秋来九月八,我花开后百花杀。

冲天香阵透长安,满城尽带黄金甲。

后来,唐僖宗乾符元年(874),也是贩卖私盐出身的濮州(今河南长垣)人王仙芝,聚众数千人在家乡举兵反唐起义。次年,黄巢也因不满于唐王朝的腐朽政治,响应王仙芝的起义,在曹州冤句起兵。王仙芝失败之后,起义军由黄巢率领,号冲天大将军,百战百胜,并于广明元年(880)占领长安,僖宗仓皇逃广入蜀。黄巢自封为帝,国号大齐,年号"金统"。中和四年(884),黄巢起义失败,为叛徒杀害。次年三月,唐僖宗返回长安,唐朝已接近灭亡的尾声。

也是在广明元年,才任扬州大都督府长史、淮南节度副大使、江淮盐铁转运使一年多的高骈因为心怀两端而被先罢免了兵权再罢了盐铁转运使之官职,"(高)骈攘袖大骂,上表谩言不逊,僖宗亦赐诏深责之"。

高骈何许人也?他与唐代扬州的盐业又有着怎样的关系呢?

高骈(? —887),唐末大将,字千里,先世为渤海人,迁居幽州(今北京)。世代为禁军将领,幼年好文学,喜与儒者游。成年时,路见双雕,对旁边人说,"如果以后我能显贵,必定能够一箭贯穿双雕"。说着搭箭上弓,一箭射出,果然射下双雕,众人非常惊讶,因此称他为"落雕公"。为官之后,高骈曾领禁军万人平党项羌叛和吐蕃扰边,战无不胜,深得懿宗嘉许。

高骈同时又是一位才情出众的诗人,《唐诗纪事》称他的诗"雅有奇藻"。

虽然因为战乱,他的诗作大部分都散佚了,但《全唐诗》中,仍录有他的诗作一卷 50 首。即使在今天,他的《对雪》一诗仍然被选入中学语文教材之中,而他的那句"草长莺飞二月天"则是耳熟能详的古诗名句。

唐僖宗乾符六年(879),王仙芝、黄巢起义军转战江南时,朝廷任命高骈为镇海军节度使、诸道兵马都统、江淮盐铁转运使,领兵驻扎在镇江;次年冬,又迁检校司徒、扬州大都督府长史、淮南节度副大使知节度事,驻守扬州,仍充都统、盐铁使,以镇压起义军和主管江淮财赋。

正是因为高骈的文才武功名播天下,所以他在扬州时,也吸引了一批贤才能人加入其幕府之中,其中,最著名的当数后来被誉为韩国汉文学开山鼻祖、"东国文化之父"的新罗留学生崔致远。当时,崔致远怀着对高骈十分钦佩之情,向其自荐并被礼遇、重用,"凡表状文告,皆出其手"。崔致远受高骈之命执笔撰写的檄文《讨黄巢书》,一时天下传诵。四年后,崔致远归国时,高骈以丰厚赏赐为他送行,并代表朝廷授予他国信使的名衔。高骈的知遇之恩给崔致远留下了深刻而美好的印象,回国后,他将在扬州高骈幕中所作的诗文汇集为《桂苑笔耕集》20卷——这成了今天研究当时历史的宝贵资料。而崔致远入幕淮南,也成为中韩两国交流史上的一段佳话。

历史上,许多著名人物似乎都是矛盾的结合体。一方面,高骈文治武功,才华出众,被记入了史册;另一方面,他的奢侈、迷信和他加在人民身上的沉重负担又被历代批评家所指责、诟病。唐僖宗广明元年,黄巢起义军自广州大举北上、直逼江淮,高骈慑于起义军威势,又因统治集团内部倾轧,故

崔致远像

坐守扬州,保存实力。起义军入西京长安时,朝廷再三征高骈"赴难",他心怀两端,欲借此机会兼并两浙,割据一方,遂始终逗留不行。中和二年(882),朝廷罢免高骈诸道兵马都统、盐铁转运使等职,高骈忿恨不已,大骂不绝,还不解恨,于是上书僖宗出言不逊,僖宗因此下诏狠狠地斥责了他。其后,两京收复,黄巢失败。高骈于是蛰居扬州,着意于求神拜佛,在府第修筑道院,建装饰有珠宝金钿、八十尺高的迎仙楼、延和阁,并在其中安排数百名仕女,都穿着羽衣霓裳、唱歌弹琴,如同在天宫中一般。高骈还在道院中刻制木鹤,常常穿着羽毛衣服跨骑其上,作白日飞天之状。每天早晚都铄金、烧丹,费用数以万计。

而且,高骈还重用奸邪术士吕用之、诸葛殷等人,甚至把军政大权全部交给他们。吕用之等纳贿刮财,掠民妻女,谮毁诸将,无恶不作,上下离心。光启二年(886)起,连年雨雪蝗灾、饥荒不断,扬州城中饿死者日众,农民军秦宗权引兵将攻淮南,高骈令部将毕师铎奉命出屯高邮以防之。毕师铎联合高邮守将张神剑等诸将,返攻扬州。城陷,高骈被囚,不久被杀。

当时,情况异常危急,高骈被杀前曾任命时在庐州的杨行密为淮南行军司马,令其率庐州兵火速增援扬州。杨行密抵达后,领兵和毕师铎展开了拉锯战。时间一久,扬州城中粮食殆尽,当时"斗米售价四十千,居人相啖"。次年十月,杨行密终于攻下扬州城,秦宗权、毕师铎两人夺路逃向东塘。杨行密入城之后,见到"城内大饥,以堇泥为饼食之,人相食",下令立即用军粮救济百姓,并从外地急调粟米发放给饥民,使得粮价回落至斗米三千。后来,秦宗权的部下孙儒杀死了投奔他的毕师铎,吞并了他的军队,然后发兵围攻扬州,寡不敌众的杨行密只好放弃扬州,退守庐州。

唐昭宗景福元年(892)七月,势力扩大后的杨行密再度引兵攻破扬州。唐代富甲天下的扬州,历经兵火之后,再度成为鲍照笔下的"芜城"。战乱之后,江淮地区的财政极为困难,杨行密也曾想通过专卖食盐、茶叶来获得钱款,但部属中的有识之士劝其不可与民争利,而应该"选贤守令劝课农桑,数年之间,仓库自实"。杨行密听取了这一建议,不久之后,效果显著,百姓安居乐业,扬州及江淮地区重现繁华景象——虽然杨行密因此错过了在扬州盐业史上留下大名,但他为扬州百姓带来的实际利益却是人们永远不会忘记的。

唐朝末年,朝廷已经无力控制地方军阀,见杨行密事实上已经牢固地占领了江淮地区之后,唐朝廷只好对他进封官爵,封他为"吴王"。为了表示对他这位诸侯王的尊重,百姓平常对他的姓名也需要避讳,于是在江淮一带,平时人们吃的较多的蜜糖糕的"蜜"因为与其姓名之中的"密"字同音,因此也要改称"蜂糖糕",并一直沿袭至今——这就是扬州名点蜂糖糕得名的原因。

唐朝灭亡之后,中国再次进入了大分裂时期,史称"五代十国"时期。当时的扬州是吴国建立者杨行密次子杨隆演定立的国都,后来南唐篡吴,将广陵定为东都,整个五代十国时期,扬州绝大多数地域属于吴、南唐、后周之地,而两淮之产盐区也一直大多属于南唐。

虽然这段时期扬州几经小王朝的政权更替,百姓饱受战火痛苦,但是,由政府直接控制盐业的制度却一直没有改变。当时,北方朝廷大都开始实行"折博"的手段通过食盐来达到"均输"的目的,史书上说"于是立为蚕盐、食盐等名,分贫富五等之户而俵散抑配之",指的即后唐实施的"蚕盐"、"食盐"等官盐赊售、按人口配售的新型食盐专卖形式。所谓折博,就是以政府手中的食盐等专卖品博取百姓手中的钱物,它并非完全平等的交易,而往往是寓税于博。

而在当时扬州等南唐所辖的江淮地区,也有类似于折博的盐米"博征"之制,俗称"盐米法"。《文献通考·田赋考四》记载,"吴徐知诰用歙人汪台符之策,括定田赋,每正苗一斛,别输三斗,官授盐二斤,谓之'盐米'",书中告诉我们,盐米之制的创始者乃是吴国的安徽人汪台符(一说为杨行密)。而《资治通鉴》卷293后周世宗显德三年(956)记载称,"初,(南)唐人以茶盐强民而征其粟帛,谓之'博征'",则是给"博征"予以名词解释。

"博征"的具体方法就是,"升元初,括定民赋,每正苗一斛,别输三斗,于官廪授盐二斤,谓之'盐米'。至是,淮甸盐场入于周,遂不支盐而输米如初,以为定式"(《南唐书》卷 4《嗣主书四》)。也就是说,让百姓在"正苗一斛"的常规赋税之外,再向政府输米三斗、给盐二斤。"博征"就是政府将茶盐作为专卖品"博"取所需而从中"征"税。即使在"及世宗克淮南,盐货虽艰"的情况之下,"官无可支,至今输之,犹为定式"(宋龙衮《江南野史》)。

前文引用的多种资料,虽然所载博盐数额并不一致,但南唐的承制于吴是毋庸置疑的,或者可以这样说,与宋代钞盐制度最有关系的"折博"、"博征"等新型专卖方式,是在五代十国时期开始明确化的。

第三章　淮南产盐　全国居首
——宋元时期的扬州盐业

　　有宋一代,制盐工艺不断改进,加之"折中法"、"官般官卖"的实施,以及"折博仓"、"折博务"等机构的设立,极大地促进了扬州盐业的发展。但由于接连不断的宋金战争,扬州盐业经济逐渐萧条,扬州城也遭受浩劫,成为"废池乔木"的"空城"。元灭宋后,朝廷非常重视以扬州为中心的两淮盐业,盐利大增,元末明初著名诗人杨维桢发出"人生不愿万户侯,但愿盐利淮西头"的感慨。

第一节 天下三分海盐利，二分无赖出扬州

——北宋时期的扬州盐业

凡是读过《水浒传》的读者朋友，一定都会对"智取生辰纲"的生动故事难以忘怀，的确，它是《水浒传》中最为精彩的章节之一，新中国成立之后它一直作为中学语文教材而广为流传。

《智取生辰纲》连环画封面

"智取生辰纲"这段故事，选自元末明初小说家施耐庵的名著《水浒传》（七十一回本）第十六回的后半部，原题为"吴用智取生辰纲"。故事写的是杨志押送生辰纲去东京，在途中路经黄泥冈时被晁盖、吴用等梁山好汉用计夺取的经过，整个过程充满了机智、趣味，非常精彩。故事集中反映了蔡京、梁中书为代表的封建统治者与广大农民之间的矛盾，热情歌颂了起义农民的大智大勇与组织才能。这一章节在全书中的地位十分重要，在此之前，小说主要描写了鲁智深、林冲等个别英雄人物的抗争；而"智取生辰纲"则是起义农民的集体行动，是梁山泊英雄聚义的开始。自此，小说揭开了起义农民大规模联合反抗的序幕。

有关《水浒传》以及作者施耐庵与扬州盐业的密切关系，我们将在本章第三节之中再作详细介绍。现在要向读者朋友介绍的，是生辰纲的"纲"与扬州盐业的关系。

我们知道，这生辰纲是价值十万贯的金银财宝，它们都是贪官污吏掠夺

的民脂民膏的不义之财。花石纲、生辰纲的"纲",按《辞海》中的解释,是"旧时成批运输货物的组织,如盐纲、花石纲"。也就是说,"纲"与"纲运"密切相关,而"纲运"又与唐代时主持漕运和盐铁改革的刘晏在扬州进行的漕运改革有关。

当时,人们常常将大量的货物分批起运,每批编立字号,分为若干组,一组称一纲,这种成批编组运货的办法,就被称为"纲运"。唐广德二年(764),负责漕运的刘晏从扬州运送粮食至河阴(今河南荥阳北),用船两千艘,每艘装千斛,十船编为一纲,这便是中国历史上最早的纲运。

到了北宋时期,成批运输食盐也开始使用纲运,俗称"盐纲"(与明清时期的"纲盐"不是一回事,我们将在后面谈到明清扬州盐业时再予以说明)。庆历年间(1041—1048),宋仁宗钦命江南转运副使兼提举坑冶铸钱司使沈扶了解可否将江淮之盐运往虔州(今江西赣州)。为什么要将江淮之盐从扬州运到遥远的江西赣州一带呢？这就得说说北宋食盐生产、运销体制的问题。

先来说说北宋食盐的生产体制。宋初开始,国家基本统一,政权相对稳定,经济持续发展,食盐生产也有了较大提高,全国的食盐专卖制度还由于地理位置和出产食盐品种的不同而出现了多样化的情况。

这一时期,国家的行政区划以"路"(相当于现在的省)为单位,全国共划分为23个"路"。宋至道三年(997)置淮南路,其辖地范围东至大海,西距汉江,南濒长江,北据淮河,即今湖北黄陂县以东长江以北,安徽阜阳县以东长江以北,江苏铜山、宿迁以东长江以北之地,治扬州,管辖扬、楚、濠、真、光、黄、蕲、舒、庐、和、滁、海、泗、亳、宿、泰、通等计十七州,以及六安、涟水、高邮、无为四军,加上利丰、海陵二监;熙宁五年(1072)分淮南为东、西两路,东路仍治扬州,西路治寿春。所谓的"扬州路",即淮南东路的别称。这便是南宋大诗人辛弃疾著名词作《永遇乐·京口北固亭怀古》中"四十三年,望中犹记,烽火扬州路"当中"扬州路"的来历。

当时的"扬州路",即扬州管辖之下的两淮,生产的"末盐"即海盐,而当时另外两个产量较大的著名盐区蜀中、解州地区则生产"井盐"和"颗盐"。

蜀中的"井盐"生产和销售皆由井户自理,官府只是从中收税,应该说是宋代食盐"民制民营"的仅见例证;生产"颗盐"的解州解县、安邑两地的池盐区,一般采用的是"官制",即由官府"籍民户为畦夫",每户每年派出制盐的畦夫两人,按规定完成任务,则免除其他徭役。

与"井盐"、"颗盐"不同,在扬州管辖的两淮产盐区,大多采用的则是"官监民制",即在官府监督之下进行海盐生产,所产之盐全部由官府收购。宋代产盐机构有三:大者为监,中者为场,小者为务;监辖场,场辖务。其任务主要是催督煎制,买纳支发。所谓官府监督,其实还不仅仅是行使监督,官府对所有制盐的亭户都在盐场进行"拘籍"登记,并发给煎盘,配以草荡,按人头数目制定相应的制盐任务;完成数额之内的"额盐"必须全部卖给官府,额外生产的"浮盐"由官府作价收购,一斤一两食盐亭户都不得私藏、私卖——所产之盐全部由官府在盐场内进行收购,即所谓的"与官为市"(有宋一代,食盐依然实行官卖制度)。而且,为了保证亭户有足够的本钱开工,官府还可以先预借盐价的一半"支散"给相关亭户,等产盐之后再以食盐折还。但是,所有入籍亭户的盐税须以所产之盐折缴,而其余徭役皆免——这是区别于汉、唐时期盐户、亭户的一个特点;而汉、唐时期官府对亭户额外所产并不作价收购,这也与北宋扬州及两淮地区海盐生产的"官监民制"有所不同。

宋代两淮盐业发展较快,劳力不足的矛盾日益突出,当时,依然沿用旧制,将许多罪犯刑徒调来从事煎盐生产。《续资治通鉴长编》中说,"国初以来,犯死罪获贷者,多配隶登州沙门岛、通州海门岛,皆有屯兵使者领护……皆令煮海纳官",记载的就是这一情况。说到通州,即今天的南通,它是当年扬州所辖的重要盐场。尤其是如皋场,在历史上存在时间很长,并于南唐保大十年(952)升场为县。宋初,如皋被确定为淮南盐主要产区,所产的盐与通、楚二州的盐一同被划定销往江、浙、荆、湖、淮等路、州、县。开宝七年(974),原设在泰州的海陵监也因此迁移至如皋,以便加强直接管理。《太平寰宇记》详细记录了这一情况:"海陵监,煮盐之务也。(唐朝)开元元年置海陵县为监,于海陵县置泰州,以辖其境。皇朝(指宋朝)开宝七年,移监于如皋县置,从盐场之便也。"同时，书中还附有该监所管理的范围："东西一百九十里，南北三百一十里。"四边的界限分别是："东至通州静海县界海岸，西至泰州兴化县界，南至泰兴县并江岸，北至楚州盐城界。"负责管理南北八个盐场，即南四场为丰利、角斜、掘港、栟茶场；北四场为东台、梁垛、草堰、白驹。

在官府的监督之下，淮南路每年可以生产出食盐"岁额二百一十五万六千石"，用《宋会要·食货》中的话来说，就是"东南盐利，视天下为最厚"。按照当时计量单位与现在来换算，每石为五十斤，而量盐之石大小只有量米之石的一半左右，北宋时的一斤约合现在的一点一九市斤。也就是说，两淮一带的海盐年产量约为 65000 吨，可占全国食盐总产量的 40% 左右，故当时著名大盐商吴传曾对孝宗皇帝说："国家煮海之利，以三分为率，淮东居其二。"（《宋史·食货志》）仿照唐代诗人徐凝《忆扬州》中"天下三分明月夜，二分无赖在扬州"的诗句来说，那就是"天下三分海盐利，二分无赖出扬州"（当时的淮东盐区，大致包括扬州路所辖的东南几州，即今天扬州、南通、盐城、淮安、宿迁和连云港一带）。

宋元之际著名历史学家马端临在《文献通考》中指出："本（宋）朝就海论之，惟是淮盐最资国用。"这句话也成了后世在评论北宋两淮盐业时引用最多的一句话。马端临还在书中介绍了在杨允恭的坚持下实施全面盐禁的良好效果，他说："方其国初，钞盐未行，是时，建安军置盐仓，乃令真州发运。在真州，是时，李沇为发运使，运米转入其仓，空船回，皆载盐，散于江、浙、湖、广。诸路各得盐，资船运而民力宽，此南方之盐，其利广而盐榷最资国用。……是岁，收利巨万。"

而当代著名经济史家郭正忠也在《宋代盐业经济史》中计算得出，宋代两淮食盐年产量从北宋初年太宗时的 70 余万石（约合 373 万斤），发展到南宋宝祐年间年产 390 万石（约合 19500 万斤）。而据《宋史·食货志》记载，宋代的淮盐产区主要是指扬州路治下的通州、泰州、楚州、海州和涟水军，其中，通州利丰监年产 48.9 万余石，泰州海陵监年产 65.6 万余石，楚州盐城监年产 41.7 万余石，海州的板浦、惠泽、洛要三场年产 47.7 万余石，当时的两淮海盐产量,的确首屈一指。

与唐朝刘晏直接到盐场缴钱买盐的就场专卖稍有不同,北宋时期,官府以实物折搏的方法大大推广,从粮草、金银到绢帛,皆可交易,为了方便边远地区的食盐贸易,出现了在唐代"飞钱"基础上扩大使用范围的金融凭证、中国早期的有价证券——"交引"。雍熙三年(986)起,两淮推行"折中法",令商人运粮草到边塞,视道路远近而定其价,并发给"交引",再到两淮产盐区领盐运销、贩卖,从中赢利。

北宋初年,四川民间出现了世界上最早使用的纸币——"交子"。《续资治通鉴长编》说:"蜀民以铁钱重,私为券,谓之交子,以便贸易。"之所以这样做,是因为四川的商业活动必然要和外地发生经济贸易,特别是和像扬州、长安、洛阳等几个重要经济发展城市之间的联系。可是险峻的山势,使川商难于携带大宗物品和沉重的钱币长途跋涉,故而以纸券为替。交子与铸币兑换,成色不一,市值不同的铸钱与铸钱兑换均有利差以及金银、绢帛的货币性流通,派生了货币兑换业务,于是便派生出"交引"——官府向民间购买粮草,根据路程远近,以高于市场粮草价格付给交引,商人持交引到异地换钱。宋代准许商人在沿边缴纳粮草,或向京师缴纳金银、丝帛,按价值发给一定商货或现钱的凭证。当然,交引只能在指定地区、场所领取定额的商货或现钱,不能在市上流通。宋代先有茶、盐交引,后又有香药、犀角、象牙、矾等交引。而交引买卖亦有利润,产生货币兑现业务。于是,专司交引兑现、货币兑换、金银买卖的"交引铺"、"金银彩帛铺"(钱庄)相继问世,且发展速度非常之快,很快形成"金融一条街"。

据《东京梦华录》卷2《东角楼街巷》描述开封的界身巷说:"南通一巷,谓之'界身',并是金银、彩帛交易之所。屋宇雄壮,门面广阔,望之森然。每一交易,动即千万,骇人闻见。"书中所写虽然只是扬州所辖的南通城,但以当时扬州"淮左名都"、"竹西佳处"商业繁荣的状况,其热闹繁盛的程度应该只会在其上而不会在其下。北宋神宗熙宁以后,在扬州设置的管理贸易、收缴盐税等税金的机构(当时称为"务",如下文提及的"折博务")就达七个之多——

盛唐之后,扬州迎来了又一个经济繁盛时期。

不仅如此,扬州西南的港口城镇真州(今仪征),也随之成为重要的盐运集散地。唐代初期和中期,镇扬河段北岸线与瓜洲汊道的长江港湾扬子津一带有着优越的靠泊条件,已经是运盐舟船的聚集之地。开辟伊娄河(即今瓜洲运河)之后,瓜洲成为江南漕运的对直运口,盐船一度还在此靠泊、掣验、开江。到了北宋时期,真州港的白沙驿因江岸稳定且接近长江,同时考虑到港口有分工的必要,在宋代一跃成为盐运的主要集散地。由此,以扬州为中心,形成了三条入江的水上运盐线路:一条是从海陵县宜陵镇(今江都宜陵镇)到扬州的湾头镇、扬子镇,又经瓜洲入江;第二条是从扬子镇西去真州入江;第三条则是自海陵河向南经扬州柴墟镇至真州之东而入江。

在不少人的印象中,宋代似乎只有"靖康之耻",是落后、弱小的象征和代名词。事实上,有许多历史学家都曾经异常认真地指出跨越百代、超过汉唐、先进发达的宋代经济、文化,但不知什么原因,这些又往往特别容易被许多后人忽视。让我们来翻看一下几位中外著名历史学家的论述:漆侠曾在《宋代经济史》中指出:"在两宋统治的三百年中,我国经济、文化的发展,居于世界的最前列,是当时最为先进、最为文明的国家。"杨渭生教授在《两宋文化史》中指出:"两宋三百二十年中,物质文明和精神文明所达到的高度,在中国整个封建社会历史时期内是座顶峰,在世界古代史上亦占领先地位。"西方著名学者、加拿大多伦多大学社会学系教授、世界著名经济史学家贡德·弗兰克在《白银资本》一书中指出:"11 世纪和 12 世纪的宋代,中国无疑是世界上经济最先进的地区。自 11 世纪和 12 世纪的宋代以来,中国的经济在工业化、商业化、货币化和城市化方面远远超过世界其他地方。"而法国著名汉学家谢和耐在《蒙元入侵前夜的中国日常生活》中曾说过:"在社会生活、艺术、娱乐、制度、工艺技术诸领域,中国(宋朝)无疑是当时最先进的国家,它具有一切理由把世界上的其他地方仅仅看作蛮夷之邦。"

笔者所引上列好几位中外著名历史学家的论述,都得出这样一个结论,即宋代的文明已居于世界的前列,且深深地影响了世界——事实也正是如此。

其中,宋代的海盐生产技术,尤其是两淮一带的海盐生产技术和工艺就在继承汉唐五代的基础上有了重大发展,出现了以"范公堤"为代表的中国历史上著名的捍海、引潮工程的典范,也形成了代表当时世界科技最高水平、颇为有效的"刺土成盐法"和取卤、验卤等方法以及一整套煮盐工序和记录相关情况的书籍。

范公堤遗址

"范公堤"是我国古代海塘史上伟大的工程,它的得名,源自留下"先天下之忧而忧,后天下之乐而乐"名句的北宋名相范仲淹。北宋天禧五年(1021),范仲淹来到泰州西溪镇(今属江苏省东台市)担任盐仓监官。在实地走访了解中范仲淹发现,朝廷一直不重视海堤的维护,盐业发展也始终受到海潮侵袭的威胁。当时,由唐代的黜陟使李承实指令地方官员修筑而成,从阜宁阜城至大丰刘庄南,全长140余里,后人继续延筑海陵(今泰州)境内的一条防护大堤——常丰堰,经过数百年潮涌浪激,到了北宋初年已经名存实亡,不仅盐场亭灶失去屏障,而且广阔的农田民宅,也屡受海涛威胁,官府盐产与租赋,都蒙受损失。范仲淹为了有效地抵御海潮侵袭,便上书给江淮制置发运副使张纶,建议修复常丰堰,虽然朝中也有大臣指责范仲淹越职言事而强烈反对,但是他据理力争,朝廷终于同意批准修复。

在盐民的口中,也留下了很多关于范仲淹的传说。据说,范仲淹为了新堤之址的选择颇费心思。在科学技术尚不发达的宋代,普测海岸十分困难。有一天,他去海边勘察,在一个渔民家中喝水时,看到渔民喂猪的桶沿漂着一圈赫色的稻糠,灵机一动,便想出了解决问题的方法。于是,在大汛期间,范仲淹发动沿海百姓将喂猪用的稻糠遍撒海滩,大潮一到,稻糠随着海浪涌进。落潮后,稻糠则附着在沙滩上,形成一条弯弯曲曲的糠线。范仲淹于是命令民工沿线打桩,新堤之址就此确定。

这样的工程在一千年后的今天也堪称壮举,而一千年前仅以"造竹器,积巨石,植以大木"方法修堤,难度非常大。为筑堤,范仲淹还兼任兴化知县,而工程刚开工时,又遭百年不遇的大雨雪,惊涛汹涌而至,一百多人不幸葬身于海。因此,朝廷遂令停工,又派曾任海陵知县的淮南转运使胡令仪实地查勘,决定是否继续兴工。胡令仪认为修堤之事"必成之",也尽力支持范仲淹。此后,范仲淹因母丧回到原籍,张纶在胡令仪的支持下,终于在天圣六年(1028)春,完成了对这条海堰的修筑,使通州(今南通)、泰州、楚州、海州(今连云港)等州县的田土皆能耕种,三千户百姓陆续回到家乡,生产得到恢复,盐产量也不断增加。

当时,面对困难,上下都有人动摇,但由于范仲淹、张纶、胡令仪等人困知勉行,深入工程一线,想方设法筹集工程款,持之以恒,最终完成了这项浩大的工程。而且,范仲淹在修建堤坝的过程中,特别注意保护盐业发展,在修建海堤时,他刻意要求留下了一些涵洞,海水可以通过涵洞流到范公堤的西侧,这样,盐民们煮盐就有了丰富的海水资源,朝廷的盐利收入也因此有了明显的增加。

后来,当地百姓为赞颂范仲淹的功德,便将该堤称为"范公堤"。而同样为造堤做出巨大贡献的张纶和胡令仪,也被人民惦记。在范公堤沿线的东台、大丰和阜宁等沿海地区,修建了许多供奉着范仲淹、张纶和胡令仪的"三贤祠",以示纪念。

除了像范仲淹这样修建堤坝围堰捍海、引潮外,北宋时期出现了像《图经本草》《通州煮海录》这样与扬州的盐业颇有关联且反映当时海盐科技最高水平的书籍。

"刺土成盐"的制盐方法,唐五代后扬州周边盐场多有采用,记载在《太平寰宇记》卷 130《淮南道八·海陵监》的相应条目中。"凡取卤煮盐,以雨晴为度。亭地干爽,先用人牛牵挟刺刀取土……"大意是说,淮南海陵盐的制盐之法,是在雨过天晴、亭场土地干燥的时候,先用人力和牛力犁地后,在地上集草作卤,其侧挖掘卤井,妇女和儿童往卤上浇水,使溜土中的盐分成为卤水流入卤井之中。其卤水的浓度以石莲浮沉的位置来测定。之后,再把一定浓度的卤水运入灶屋,砍刈草荡的柴草作为煎盐的燃料,起火煎煮,并以灶户为单位进行轮流煎盐作业。

苏颂像

曾于元祐七年(1092)任扬州知州、被英国著名科学家李约瑟博士称为"中国古代和中世纪最杰出的博物学家和科学家之一"的苏颂,在其独立编著的《本草图经》(又名《图经本草》)中,记述了食盐、钢铁等多种物质的制备,300 多种药用植物和70 多种药用动物或其副产品,以及大量重要的化学物质。这部书是我国第 ·部有图的本草书,引用以前文献 200 多种,集历代药物学著作和中国药物普查之大成,开了明代集大成医药学家李时珍《本草纲目》之先河。书中特别提到当时海盐、山盐、大盐、戎盐、石盐、青盐、光明盐、绿盐等各种食盐的制备过程,对了解当时的制盐工艺具有重要的参考意义。北宋后期,蜀医唐慎微编成了《经史证类备急本草》(简称《证类本草》),同时,他将掌禹锡、林亿、苏颂等编著的《嘉祐补注本草》与苏颂编著的《本草图经》合并,增药 500 多种,并收集了医家和民间的许多单方验方,补充了经史文献中得来的大量药物资料,使得此书内容更为充实,体例亦较完备,曾由政府派人修订三次,加上了"大观"、"政和"、"绍兴"的年号,作为官书刊行。

而北宋末年淮甸人张晔所著的《通州煮海录》,作为我国最早的盐业科学专著,是对中国古代海盐技术特别是以扬州为中心的两淮海盐技术的系统总结。

正如前文所述,被古人称为"煮海"、"煮水"或"熬波"的从海水中制取食盐的方法属于我国最古老的手工业之一。它是一项综合性的工业技术,除了煮制过程之外,还包括气象观测、潮汛监察、海岸水利工程、耕垦田土、冶铁铸造、化学工艺等多项技术。两宋时期,以扬州为中心的两淮盐民在总结前人经验的基础上,根据当地的水土特征,逐步形成了一整套煮制海盐的先进技术和成熟工艺,部分技艺已达到现代水平,产量也随之不断增大。据张晔在《通州煮海录》中记载:当时煎制海盐的过程,已被科学地分为"碎场、晒灰、淋卤、试莲、煎盐、采花"等六道工序。退潮之后,渗入土中的盐卤经烈日曝晒结出白色盐花,盐民人工刮取盐花填入卤丘中,用草木灰等吸取海水,作为制盐原料。制盐时,先用水冲淋上述原料,溶解盐分形成卤水。然后将卤水置于敞口容器中,加热蒸发水分,取得盐粒。这种方法称为淋卤煎盐。需要指出的是,煎盐之前,卤水需晾晒以提高盐分浓度。以前,人们通常往卤水中投入鸡蛋、桃仁、豆子或莲子观察其沉浮位置,来判断卤水的浓度。而到北宋时,两淮盐民已开始使用石头所制的"卤子"(也称为"莲子"、"藕子"),并根据卤子的形态和沉浮位置确定卤水浓度。

说起"卤子",对于现在的绝大多数读者来说,也许不太熟悉。但是如果告诉你它就是一个浓度测试仪,那你也许就不难理解它的用途了。这里所说的"卤子",实际上就是盐业生产过程中,测定卤水浓度的土制浓度仪。这一看似简单的"卤子",却展现了先民测定卤水浓度科学有效和简便易行的测试手段,历经千年之久,直到被现代浓度仪取代,足以显示先辈盐民的聪明智慧。

有了先进的生产技术和制盐工艺,两淮盐区因此便能生产出更多的食盐,朝廷、官府当然也就更想从中获得更大的利润。在当地销售,自然利薄钱少。那就有一个将食盐运销各地的问题。当时,北宋食盐的运销体制是怎样的呢?

回答这个问题之前,让我们一起来看看当时淮南海盐的亭户原盐入官价与官府卖给百姓的食盐出售价之间的极大悬殊吧！据《宋史·食货志·盐法中》记载，当时，淮盐产地的亭户以每斤不足四文钱的价格将食盐出售给官府，而一经转运抵达虔州由官府卖给百姓之时，"虔州食淮南盐已久，不可改，第损近岁所增官估，斤为钱四十"，多则"价至四十七钱"——两者之间的相差悬殊高达十倍以上！也正是因为如此高额的差价，才使得前文提到宋仁宗会要求沈扶想方设法将扬州一带的两淮之盐运至南方，从而为朝廷获得巨额利润，这便是《宋史·食货志下五》中所说的"诸州盐纲依旧官般官卖"制度。

"官般官卖法"，简称"官般法"。般，通"搬"，即由官府负责运输、搬运，并设转般仓于适中之地，然后转盐到各州县或交给盐商或待官卖。当时，沈扶等"请选江西漕船，团为十纲，以三班使臣部之，直取通、泰、楚都仓盐"。也就是将江西漕船连接成队、编为十纲，直接将南通、泰州、楚州大盐仓里的食盐运到虔州。后来，到了嘉祐七年（1062）二月，屯田员外郎蔡挺被任命为提点江南西路刑狱，负责在虔州催督运销两淮之盐。蔡挺将南通、泰州、楚州等淮南地区官府的运盐船队由十纲增加到十二纲，每纲船只也由十只增加到二十五只。

宋太宗端拱二年（989）起，宋朝设立"折博仓"或"折博务"之类的机构籴买粮食等物，商人输粟地点在京师，凭"券"到江淮一带提取茶、盐；宋仁宗明道二年（1033），参知政事王随建议，"置折博务于扬州，使输钱及粟帛，计直予盐"；北宋庆历八年（1048），两淮盐区开始推行范祥所创的"盐钞法"。这种制度规定，由政府发行盐钞（与后来所说的盐引、盐票既有相似之处，但又稍有不同），令商人付现，按钱领券。发券多少，视盐场产量而定。券中载明盐量及价格，商人持券至产地交验，领盐运销，自由贩卖。随着官府加紧聚敛，滥发盐钞，钞与盐失去均衡，商人持钞往往不能领盐。徽宗崇宁、政和年间，蔡京执政，又印刷新钞，令商人贴纳一定数量的现钱，换领新钞。此举加重了商人负担，并使盐钞失去信用。最后不得不废止了"官般官销"，并创行"盐引"制度，改用"商运商销"。

蔡京所推行的"引法"，就是用官袋盐包来装盐，一袋为一引，每引四百斤或七百斤不等。编立运引的目号簿,商人缴纳盐款和税金之后,可领引到盐场支盐运销。商人如买"短引",只能在本路内销售,期限一个季度;若买"长引",则可以运往他路行销,期限为一年。到期后如果盐未销完,即行废引,盐没收归官。此后,蔡京还通过实行"换钞法",用更印新盐钞改旧钞,以"贴纳"、"对带"和"循环"等方式,不断扩大新旧盐钞兑换比值的差额,以此来增加财政收入。据《宋史·食货志》记载:"循环者,已卖钞,未授盐,复更钞;已更钞,盐未给,复贴输钱,凡三输钱,始获一直之货。民无资更钞,已输钱悉干没。数十万券一夕废弃,朝为豪商,夕侪流丐,有赴水投缳而死者。"大意是说:在实施"循环法"的过程当中,出现了盐钞已卖但没有提取到应付给盐的情况,那商人就必须要再往上贴钱,有人多次循环贴钱但就是没提取到一点盐。如果后来经济窘迫而没有钱来更换盐钞,前面已经贴纳的钱只好作废。数十万的盐钞一夜之间就成了废纸一张,早上还是腰缠万贯的富商,晚上就成了流浪街头的乞丐,有人因此投河、上吊而死。而在《宋史》记载中,淮东支盐场仓"商贾束手或自杀"的事情尤多。

蔡京一面通过盐钞的变更来增加盐利,一面又提高盐的价格以增加盐利。"新法于今才二年,而所收已及四千万贯",也就是说,政和盐法的变更,当权者攫得了两千万贯的盐利。甚至于我们一直以为以抒写"柔情似水,佳期如梦"婉约情怀见长的扬州高邮籍著名词人秦观,也在《淮海集·财用上》中批评了宋神宗对盐、茶等进一步实行禁榷——"江淮则增煮海之息,闽蜀则倍摘山之赢,青徐则竭冶铸之利"。

而为了进一步调动管理盐政、盐务官吏的积极性,北宋熙宁年间还创行了一种也被称为"重禄法"的"仓法",由以前提高政治待遇的政策,发展为直接进行物质奖赏。这一内容被记录在刚刚离开平山堂、从扬州知州任上擢升为兵部尚书、充卤簿使之际的"文章太守"苏轼的一份奏状《乞罢税务岁终赏格状》之中,其具体标准(称为"元丰赏格"):正职最高盐官可以从全年超额盐利中提取 1%,而副职则可以提取 0.5%;除此而外,对捕获私盐者也有明显提高,即使是犯人逃跑,但截得私盐的情况下,截获者仍可以支取 30% 的奖励。

说到私盐,北宋时期似乎一直在进行着禁止与放开的博弈。在宋代文人孔平仲所撰的《孔氏谈苑》之中,还记录了一个著名文人石曼卿在私盐放开时期的故事:

> 石曼卿,王氏婿也,以馆职通判海州。官满,载私盐两船至寿春,托知州王子野货之。时禁网宽赊,曼卿亦不为人所忌,于是市中公然卖石学士盐。

当然,发生在北宋期间扬州盐的故事也并非没有风花雪月。与北宋时发生的韩琦、王珪、王安石和陈升之等四人因同在扬州观赏芍药名品"金带围"之后先后成为宰相的"四相簪花"的故事相似,曾在两淮盐区泰州西溪镇担任过盐仓监官的晏殊、吕夷简、范仲淹,后来也都官至宰相、参知政事(副宰相),并因此留下了许多传诵至今的美好故事。

先说范仲淹到西溪任职,还有个小故事。据说当时有人说西溪盐官官职小、官位低,劝范仲淹不要赴任。于是,范仲淹到任之后,立即写了一首五言诗《至西溪感赋》,表明自己的态度。诗云:

> 谁道西溪小,西溪出大才。
> 参知两丞相,曾向此间来。

诗中告诉大家,西溪并不像大家所想的那样,这里地方虽小,但屡出人才,曾有两位丞相就是从西溪盐监官这个位置上走出去的。而正像他在诗中所写,数年之后,范仲淹自己也官至枢密副使参知政事(副宰相),成为从西溪走到宰相官位上的第三位杰出人物,书写了一段文人佳话。

而吕夷简到西溪任官,则正是其怀才不遇之时。当时,当地人都喜欢种植牡丹花,吕夷简受其感染,也在自己屋前栽下牡丹一株,聊解寂寞。令人惊奇的是,在他的精心呵护下,那株牡丹竟然一下子花开百朵,成为当地一大盛

事。于是,吕夷简以花自喻,赋《咏牡丹》一首:

> 异香浓艳压群葩,何事栽培近海涯。
> 开向东风应有恨,凭谁移入王侯家?

因为吕夷简为官清正,在他离任之后,西溪百姓还专门修建"牡丹亭",并在里面刻上他的《咏牡丹》诗,作为纪念。

说到晏殊,当然不能不提到他在扬州时补齐其"无可奈何花落去"这一诗句的故事。当时,晏殊面对春花的凋落,心中涌起阵阵惆怅,自感留恋春景而又无法挽留,于是吟成一句自己非常满意的诗句"无可奈何花落去"。但令他遗憾的是,这下一句如何来对,他却千思万想而不得。

一天,他在扬州大明寺内无意中发现墙上有一首题壁诗写得很好,一打听,得知这首诗的作者名叫王琪,家就在大明寺附近。于是,晏殊就把王琪请来,一同探讨诗文,并向他请教自己的那句诗下一句该如何接。

出乎晏殊意料的是,王琪几乎不假思索接口就答道:"何不对以'似曾相识燕归来'呢?"这句诗的意思是说,天气转暖之时,燕子又从南方飞回来了,这些燕子好像去年见过面。

晏殊听了,不禁连连拍手叫好。后来,晏殊就将这两句自己非常喜欢的佳句写入了他的一首《浣溪沙》词中;不仅如此,此后,他又在一首七言律诗里,再次写入了这两句诗——这在我国古代诗词作品里,绝对是不多见的。既然如此,我们也一同再次欣赏一下这两句诗吧——"无可奈何花落去,似曾相识燕归来!"

第二节　中央盐业专卖机构为何会设在扬州、真州
——南宋时期的扬州盐业

靖康二年(1127),当徽、钦二宗被金兵俘虏北去之后,宋徽宗第九子、康

王赵构先是从泰州泰兴骑乘泥马渡过长江（民间流传有"泥马渡康王"的传说故事），一路南逃，最后于临安（今浙江杭州）即位，改元建炎，史称"南宋"。客观地讲，南宋是中国历史上军事实力较为软弱、政治上较为无能，但封建经济发达、科技发展、对外开放程度较高的一个王朝。

当时，为了躲避金军的追逐，宋高宗先后在扬州、镇江、建康（江宁，今江苏南京）、明州（今浙江宁波）等地驻跸，这些地方都因此曾被称为"行在"。行在，字面上的意思是天子"行銮驻跸的所在"，指在名义上并非帝都，但实际上是皇帝、皇宫和朝廷所在并可以行使首都职能的地方。被称为行在的地方，往往一时都会成为全国的政治乃至经济、文化中心。当时，以扬州为集散中心的淮盐继续成为南宋经济的重要支撑，据《宋会要·食货》统计，仅淮东诸盐场平均每场设灶 25 座左右，达到 19 所 486 灶，有亭户 14000 人，约占全部人口的 5% 左右；每年淮东盐区盐税课利总额从 1000 万贯直增到 2300 万贯，超过北宋时的 2—3.6 倍。

同时，作为行在，扬州也成为了南宋的卖钞中心和中央专卖机构榷货务的设置地。

事实上，南宋朝廷的第一个中央专卖机构，是设在真州（今扬州仪征）。这一专卖机构的名称，先为"提领措置真州茶盐司"，后来改作"真州榷货务"。

两宋期间，中央政府特别设立了直属盐铁、度支、户部三司，经营各种专卖品的管理机构——榷货务，它的职能是"掌受商人便钱给券，及入中

真州天宁塔（宋代江淮发运使衙门设在附近）

茶盐,出卖香药、象货之类",也就是说,它的业务范围是接受商人的钱币而发给可以购买、运销包括茶、盐等在内的专卖物品的票证,实际上就是实行食盐专卖,维持盐课收入。虽然榷货务是中央建置的机构,但北宋时一度曾在扬州、真州等地设有外司,而且,随着南宋偏安于淮河以南,扬州曾作为皇帝的行在,因此也一度成为卖钞中心。

作为一种限制民间商业贸易、扩大财政收入、政府对某些商品实行专卖的方法,北宋的禁榷收入在财政中已达到与两税并驾齐驱的地位。到了南宋,随着版图的缩小,可征税的土地也随之减少;另外,北方大量人口南渡和人口的自然增加,使南宋人口仍然维持在一个较高水平。禁榷收入,作为一种事实上的人头税,税源极其稳定,数量格外丰富,南宋政府对其也格外重视。南宋的征榷项目基本沿袭了北宋,主要有茶、盐、酒、矾等几项,涵盖了最为重要的生活必需品。南宋初年,局势混乱,两税无力开征或无法输往朝廷时,政府开支几乎全部出自盐榷。南宋时期,在东南地区主要仍然推行蔡京制定的钞盐法,朝廷一切费用"悉取于"盐钞,庞大的军费开支也来源于盐钞,如"建康大军一窠,全仰盐钞,岁额以一千二百万计",因而时人曾有"南渡立国,专仰盐钞"的评论。当南宋政权稳定下来后,禁榷收入牢牢地占据了财政的半壁江山,盐利收入成为南宋朝廷一项至为重要的财源。

为了保证盐业生产、收购、转运和盐税收缴工作的开展,南宋加强了盐务官制建设。制定了从盐场监当的初等职官到与知州品阶相同的提举茶盐官积资升迁即"监当—知县—通判—知州"的顺序,同时可根据任职情况特别擢升。如绍兴三年(1133),扬州治下泰州所属州县管下盐场煎煮、销售盐货比上一年大有增羡,根据当时"盐钱增羡,应合推赏去处官吏等,照应年例格法推赏"的条法规定,经知州奏请、尚书省斟会,州官并所属盐场的催煎、买纳、支盐当职官均晋升官阶一级。这些奖励增羡和处分亏空的政策措施对两淮盐业的发展的确起到了积极的作用。还是以扬州治下的泰州为例,史载:"绍兴末年以来,泰州海陵一监,支盐三十余万席,为钱六七百万缗,则是一州之数,过唐举天下之数矣!"

那么,南宋朝廷为什么会将如此重要的专卖机构首先选择放在真州这里呢?

原来,当时宋高宗在应天府称帝未久,汴梁的金兵虽已离去,但北方的商业交通却仍然没有恢复。真州因为处于"两淮浙江诸路商贾辐辏去处"且距扬州不过五十里路程的特殊地理位置而被发运使梁扬祖选中,在报告朝廷后被确定为榷货务的设置地。真州榷货务建立之际,虽然宣布停止大元帅府印钞卖引,但汴京当初发行的淮浙盐钞,仍继续流通。

为了通过真州卖钞而直接获得较多的现钱,高宗于建炎元年(1127)六月下令,将淮浙盐场的海盐分为两半,一半支付给真州钞客,一半支付给持京钞的人。商人买钞请盐,"真州钞引,止用见钱入纳。……以十分为率,内拨五分,支真州钞;五分,在京钞。其每日所支盐,在京钞虽多,不得过日下合支真州之数"(见《宋会要·食货》)。最高只能兑现一半,不能超过真州钞的使用数量,这些做法的目的就是为了限制旧钞、京钞的兑现能力,而强化新钞、真州钞的功效。

南宋初年,淮盐钞法多变,史书中因此有了"五变"乃至"十变"的说法,故而李心传《建炎以来系年要录》中引用南宋"中兴贤相"赵鼎的《赵鼎事实》说:"自南渡以来,国计所赖者,唯盐。每因缺用,则改新钞,以幸入纳之广。"

而南宋朝廷的第二个专卖中心,就设在扬州,并且还跟"买路钱"有关。

让我们来看看《宋会要·食货》中的一句话:"黄潜善请许淮、浙盐入京东,每袋纳借路钱二千(文)。"意思是说,宰相黄潜善向宋高宗建议,鼓励商贩将淮南钞盐销售到原东北盐销区,条件是每袋再增加二千文的"借路钱"。"借路钱"、"买路钱",虽然还有一字之差异,但其意思完全相同,前者只不过是遮羞的文雅说法,则是任何人都看得非常清楚的了——封建政府穷急了,什么样的钱都可以找出名目来收的,与明火执仗的山大王之间并没有什么差异,如果有,最多也只是说法上作些变化,显得更加名正言顺罢了。当时,江南一带流传的谚语倒是可以作为此刻的注解:

欲得官,杀人放火受招安;

欲得富,赶着行在卖盐茶。

这句谚语上半句的意思,我们可以从水泊梁山上劫富济贫的众好汉一齐被朝廷招安的故事里体会到;而下半句的意思则是说,宋高宗逃亡途中,每到一处驻跸的行在之所,就会印卖钞引售卖盐、茶等专卖物品,而当地商人们就会因此而快速发家致富。

后来,南宋朝廷又先后将榷货务分别设置在建康(江宁)、越州(今浙江绍兴)、杭州、镇江等地,但转了一圈之后,由于接任右相的张浚希望在真州敛财,便将镇江务场的一部分官吏分到真州,以便办理、出售楚州的盐钞。于是,真州再次成为盐钞的专卖中心,与建康、杭州、镇江同时并存,直到绍兴七年(1137)被废罢。但即使如此,依然在真州设置卖钞库、卖钞司,地位依旧重要。

南宋时期,官府在扬州、真州等地设置的卖钞机构可以买卖盐钞、调节盐钞的价格和数量,同时它对盐钞的货币化所起的作用也非常明显。据《都城纪胜》记载,交易盐钞的交引铺"前列金银器皿及见钱,谓之'看垛钱',此钱备准……入纳算请盐钞引"。用今天的话来讲,"看垛钱"就是为盐钞之类的信用票据储备的准备金,这无疑大大加快了盐钞的货币化进程。

作为支盐贩卖的信用票据,盐钞的原始功能是"用钞请盐",到后来,由于盐钞流行及应用范围的不断扩大,持有盐钞便可以随时兑换现钱,盐钞大量滞留在流通领域内,逐渐具有了"便换"和"飞钱"等信用货币的功能,出现了货币化的趋势。"便换"或"飞钱"是唐末宋初时期出现的一种金融汇兑业务。商人在甲地向某一固定机构交钱换取契券(取钱凭证),再到乙地验券取钱,避免长途中携带现钱的不便及遭受抢劫的风险。取钱的契券是特制的,一分为二,合券才可取钱。当时,有一种叫做"和买"的交易,原本是官府为保证庞大常备军的军装供应而向民间预支本钱购买丝麻产品、百姓以丝麻产品随两税纳还官府的形式。但后来,盐钞也被用作"和买"的本钱。不仅如此,在民间贸易中盐钞的使用越来越频繁、越来越广泛,许多商人常常以盐钞来从事买卖活动,大多不支现钱,而是折给盐钞。

政府可以明目张胆地收取"借路钱",政府里的官吏会不会因此暗中贪污受贿呢? 当时,这个问题还真有,而且还被盐商揭露了出来。

宋孝宗即位后的隆兴年间,有人上书直陈"盐场之弊",最突出的问题就是克扣盐本钱。腐朽的封建制度下腐败丛生,像克扣制盐亭户的本钱这种本是违法乱纪的罪过,在当时竟然还有合法与非法之分! 被称为"盐本宽剩钱"就是合法手段克扣下来的,据《宋会要·食货》记载,每年仅淮东盐司因此就能获得60万贯之巨。而官吏利用官府给予亭户的优惠政策来侵占其利益,以及在支盐过程中"增抬斤两"、"重秤浮盐"、"积欠本钱"等非法克扣,就属于贪赃枉法,被列入严肃打击之列。

当时,荆湖北路的"盐客"、大盐商吴传,在将两淮之盐贩售到江湖各地的过程中,发现了在淳熙元年(1174)前后,由于淮东诸场的盐民亭户在试卤技术方面取得了重大改进,从而使淮盐产量大幅度增加,"比之旧额近增其半",而官府似乎对此一无所知。而且,按照当时鼓励食盐生产的政策,这些新增的食盐,本应以额外的"浮盐"之价,付给亭户较高的本钱。但盐场官吏却以廉价强行征购,或者是等到上缴时,他们以浮盐名义而冒领、多领盐本钱;或者是在支发时,再将相应的盐本钱从中扣留——总之,官吏们会想方设法贪污盐本钱而中饱私囊。

那么,贪官污吏们究竟会从亭户的盐本钱之中渔利多少呢?

按照当时吴传的了解,淮东盐场浮盐增产的比率应该在20%以上,也就是说,每年盐场仅凭借这一项以钞盐价卖出,便可获得约为451万贯"计钞钱"的额外收入。如果再加上"水脚钱"等"每一纲、一运,取盐样一袋,并诸色窠名钱",获利之多可想而知。

而更为严重的是,因为光顾着挖空心思榨取浮盐之利,官吏们甚至弃置应该从事的主要业务收购"正数盐"而不顾,致使亭户生产的大批正盐未能及时秤买、长期积压。即使收购正盐,官吏们往往又克扣亭户应得的正额本钱,或是长期拖欠不付。盐民们迫于生计,有时就不得不私卖自己所生产的食盐。

由于吴传的举报数字精确、事实清楚,朝廷便派出镇江知府钱良臣前往调查。果不其然,查有实据,淮东路通州、泰州等诸盐场共被查出未支还盐民亭户的盐本钱达 110 万贯之多。

后来,从朝廷传出事情处理的好结果:一是原提举官被撤职查办,由濮安王之后代、在临安执政期间颇具政声的赵不流接任;二是所欠盐民亭户的盐本钱,通过连续三年免送淮东盐司原来每年送纳镇江的 34 万贯"耗盐本钱"而偿还;三是孝宗还特别下诏,"令赵不流到任日,将见欠亭户盐本,各斟量久近,分拨支还"。

与吴传揭露淮盐贪污案相关联的,民间还流传着当时的一个朝廷大官参与贩卖私盐谋利的有趣故事。那个大官就是曾任两淮制置大使、兼淮东安抚使知扬州的南宋大奸臣贾似道,他为了以权谋私、获取不法收入,假公济私地派了一百艘大船到临安私贩食盐,有个太学生因此写了一首打油诗来讽刺他:

> 昨夜江头涌碧波,满船都载相公艖;
> 虽然要作调羹用,未必调羹用许多?

据说,贾似道听闻此诗之后,立即派人把这个太学生抓起来关进了监狱。这又是一个封建社会"官吏们坏事做得、百姓们议论不得"的典型例证。

南宋由盛转衰是在孝宗让位给他的儿子光宗、病歪歪的光宗又传位给宁宗之时,而两淮盐钞之法也于此时进入了趋于衰敝的转折期。为了挽回颓势,朝廷一面增辟盐场和盐司以扩大征购,一面改革钞法以扩大卖钞收益。

增辟的盐司就是设在今天仪征的真州卖钞司。它的地位,足与当时中央一级的榷货务场相比肩,因此它被称为"真州分司";而且,因为它并不像其他务场还要经管茶矾香花之类,故而成为当时独一无二的淮盐专卖机构。当时的刑部尚书包恢还在其《敝帚稿略》第四卷中留下了《真州分司记》的文章,记述了该司的职能、隶属变化及库廨建置等情况。

而当时改革钞法的"易楮改钞",则必须提到南宋时开始发行的一种纸币"会子"。会子是高宗绍兴三十年(1160)前后,仿照四川发行钱引的办法,政府官办、户部发行的货币。随着商业经济的发达,发展成兼有流通职能的铜钱兑换券,朝廷还为此在行在设置会子务。会子发行初期,由于政府措施得当,发行谨慎,尚能维持其币值。在洪迈的《容斋三笔》就记载有当时宋孝宗曾对大臣说过:"朕以'会子'之故,几乎十年睡不着。"一代帝王对发行纸币如此重视,从中可见封建统治者对纸币发行的小心态度。这种纸币通常以每年为一界,到期作废并收回。盐商在买钞过程中,除了使用一定比率的会子之外,仍须另纳一定数额的现钱(铜铁钱)或金银。

但是,从光宗朝之后,旧会子逐渐延期流通,甚至新旧会子三界并用。于是,旧会子开始贬值,从原来每贯值 770 文大幅减少到 300—400 文。不少投机商人利用官私差价倒卖盐钞,以会子官价低价买盐钞,再趁旧会子贬值时高价抛出钞引,所谓"楚女越商相杂沓,淮盐浙楮自低昂",说的正是这种情况。最终,政府不得不承认旧会子贬值的事实,以"旧会之二,易新会之一"的标准来办理,因为发行会子所用的纸张,均是采用成都特制的楮纸,所以宋人常将纸币称作"楮币"或"楮券",简称"楮",所以这一变革措施也被称为"易楮改钞"。当然,这不仅使钞盐经销者和生产者蒙受了损失,更影响广大百姓的利益,当时就有诗人写下了"朝廷易楮币,百姓骈叹吁"(方回《忆我》)、"楮券不堪供房币,沙筹那解足军粮"(华岳《述怀》)等诗句。

随着淮东产盐区亭户与官吏矛盾的增多、尖锐并激化,终于在嘉定二年(1209)演变为一场大规模的盐民起义。在盐城人卞整和胡海两人的带领下,起义队伍从淮东最主要的产盐区楚州盐城聚义,连续击溃官军,"逾射阳,攻海陵,越入天长。绝运道,将进之濠、寿"(意思是说,起义军已攻破射阳、海陵、天长,并阻断运盐之水道,即将攻入南通、寿春一带),并向着另外两个大型的盐产区——泰州海陵和高邮军进发,最终目标是攻下淮盐的转运中心——扬州的淮盐司。后来,起义军的目的也基本达到,据《宋会要·食货》卷28引用当时淮盐司官员齐砺向朝廷的报告说,"去冬楚寇猖獗,管下盐场凡四百有一灶,而焚荡毁坏者一百六十余座。亭民逃窜死亡,不知其几"。也就是说,当时淮东盐场盐灶被毁数量,达到了40%之多。

这次被正史称为"楚寇"、"淮贼"的盐民起义,虽然被淮东盐司招募的"盐军"与政府官兵协力镇压下去,但它却给淮东盐业生产带来了致命的打击,即使朝廷后来"分遣属官,抚定扬、楚、泰、高邮、盱眙五郡,归业者五十二万八千余人,给钱三十九万三千余缗、米二千七百余石,瘗遗骸以二万计","宽恤淮东残破州县",但当地盐场的恢复、淮东一带盐业经济的复兴却十分困难。直至这次起义的四十余年之后的宝祐元年(1253),当时的殿中侍御史朱熠仍在上奏的折子中感叹:"近者课额顿亏,日甚一日",希望通过加强真州分司的"换给钞"等钞法改革,来达到增加淮盐税利之目的。(见《宋史·食货下》)

开庆元年(1259),以两淮制置使衔开府扬州并兼任淮西策应大使统领两淮区域政治、军事、经济事务的李庭芝来到扬州,直到景炎元年(1276)七月被俘后牺牲,前后在扬州为官达14年之久,其间建树颇多,对扬州盐业经济的复兴也做出了极大贡献。

李庭芝刚到扬州之时,扬城刚刚遭受战火之灾,到处都是残垣断壁,一片凋敝,就如同南宋著名词人姜夔在其自度曲《扬州慢》的小序和词中所说的"淳熙丙申至日,予过维扬。夜雪初霁,荠麦弥望。入其城,则四顾萧条,寒水自碧,暮色渐起,戍角悲吟"、"自胡马窥江去后,废池乔木,犹厌言兵。渐黄昏,清角吹寒,都在空城"一样。

以往,扬州是以产盐、运盐闻名于世的,当地百姓也大都依赖盐业来获利。但由于接连不断的宋金战争,人们根本无法安定,许多煮盐户都逃到城外,扬州盐业经济因此逐渐萧条。为了尽快恢复经济,上任伊始的李庭芝就下令全部免除扬州百姓所欠的赋税,同时动用库银,采取先借后免的方式让扬城人民重建家园,只用了一年左右的时间,当地百姓与官兵都有了居室。不久,李庭芝又组织军民开凿了40余里的运盐漕河,沟通金沙、余庆盐场(两地今均属江苏南通),以省车运。此外,他还派民夫疏浚了其他几条运河,减免亭户所欠的官盐200余万斤,亭户没有了车运的劳苦,又能够免除债务,因此纷纷归来。渐渐地,扬州城的面貌焕然一新,盐利也逐渐兴旺起来。

事实上,李庭芝前后有过三次到扬州任职,每次都是在两淮处于危急状况下就任的,而且每次又都能迅速地扭转局面,取得重大的军事胜利。以致宋理宗在遴选两淮封疆大吏时慨叹:“无如李庭芝。”李庭芝在扬期间,为了抵御元兵入侵,根据地势及时在平山堂处建造了宋大城,并招募汴南流民2万人,组建成武锐军,协助军队防守扬州,并由此凝聚了民心,使扬州和辖区内的其他州县成为当时全国抗元战场上唯一的坚强堡垒。德祐元年(1275)十月,元世祖忽必烈命右丞相阿术进攻扬州,筑起土围将扬州城团团围住。入冬之后,城内粮尽,饿死者满道,已有人开始吃死尸。但扬州军民在李庭芝与姜才的率领下,浴血奋战,死守扬州城,绝不投降,展开了一场坚持长达一年多的“扬州保卫战”,书写了民族抗争不屈精神的光辉篇章。

景炎元年(1276)初,元军主帅伯颜率军攻占南宋都城临安,宋恭帝投降被俘,南宋灭亡。太后谢氏投降后,向各州郡发布投降诏书,派人至扬州城下劝降。李庭芝登城说道:“我只知奉诏守城,不知奉诏投降!”姜才发箭射退来使。三月,元军押解宋恭帝北行途径瓜洲,李庭芝与姜才闻讯后,准备了四万军兵夜袭瓜洲,试图夺回恭帝,与元军激战三个时辰,未获成功,只得退回扬州。元军再次拿着谢太后“今吾与嗣君既已臣伏,卿尚为谁守之?”的手谕劝降,李庭芝不答,射杀来使。

后来,福州益王政权遣使来召李庭芝,李庭芝命副将朱焕留守,自己与姜才率兵东往泰州,准备泛海南下。不料庭芝刚走,朱焕马上投降。阿术押着李庭芝的妻儿到泰州城下招降。姜才因胁下疽发,不能出战,泰州守将孙贵开城降元。李庭芝投池自尽,水浅不死,与姜才一起被俘。

阿朮钦佩二人忠勇,不忍加害,朱焕在一旁挑唆道:

双忠祠大照壁

"扬自用兵以来,积骸满野,皆庭芝与才所为,不杀之何俟?"李庭芝与姜才因此被元军押回扬州,就义于茱萸湾。英雄殉难之后,扬城百姓无不落泪,人们自发将他们安葬在广储门外,并建起双忠祠奉祀两位英烈。清康熙年间重建双忠祠,清代著名文学家厉鹗撰写了《重建扬州双忠祠碑》以资纪念。咸丰年间,双忠祠再次毁于太平天国的战火。同治十三年(1874)改建于城内黄家园,并以"双忠祠巷"作巷名,双忠祠现存三祝庵内。

李庭芝牺牲、扬州保卫战失败之后,扬州百姓惨遭元军屠杀,生灵涂炭,民不聊生,包括盐业在内,落入元军之手的扬州经济再度迅速衰败。

第三节　人生不愿万户侯,愿逐盐利到扬州
——元代的扬州盐业

元代,国之所资,其利最广者莫如盐,南北统一之后,原本分属宋金的产盐之区也皆归属于元。当时,全国共有大都(今北京)、河间(今河北)、山东、两浙、河东(解州)、四川、福建、广东、广海(今广西)和以扬州为中心的两淮盐区等十大盐区。

东关古渡

现在我们看到的这张照片上，拍摄的是扬州城内的著名景点——东关古渡，因为近年来多次在此举办像世界运河名城博览会等大型活动而成为百姓和媒体关注的焦点。

在古代，这里曾经是京杭大运河的一个重要渡口。东关古渡究竟有了多少年的历史？往远里说，可能我们在前文提到的唐代盐铁转运使王播开七里港河时就有了东门的这个渡口。而在清代官修的《续文献通考》等古籍之中，每当提到元代扬州的盐业，"扬州东关"就会被屡屡提起。

先来看《续文献通考》中的这段内容："客商运（盐）至扬州东关，俱于城河内停泊，听候通放。不下三四十万余引，积叠数多，不能以时发放。"成百上千装满食盐的大舸小舟，停满了东关渡口，以至于因为船多河窄港口小，船只不能及时通过——港口之繁忙景象跃然纸上。

书中还有这样一例，"东关城外，沿河两岸，多有官民空闲之地，如蒙听从盐商自行赁买基地，起造仓房，支运盐袋到场，籍定资次，贮置仓内，以俟通放。临期用船，载往真州发卖，既防侵盗之患，可为悠久之利，其于盐法非小补也"。这是当年负责扬州盐政、盐务的两淮都转运盐司官员在发现东关渡口异常繁忙的情况之下，提出的改进措施——东关渡口一带在元代由此进入了一个新的时期，周边因此也建造起许多用来贮藏食盐的仓库，东关渡

两淮盐运使司衙门

口及其附近地区也从唐代的官府查验的关口，发展到后代的盐运、漕运码头，再发展到元代具有集查验、运输、储藏等多功能的食盐集散地，并一直延续到明清两代，见证了中国封建社会扬州盐业经济盛衰相连、由盛而衰的变迁过程。

这是在扬州城内国庆北路与文昌中路交叉口之西北边、正对"双东"古街之一的东圈门拍摄到的一张古代建筑照片。这是一座坐西朝东的门厅，悬山结构，顶盖筒瓦，面阔三间，进深五檩，脊高两丈有余。前面有一对石狮，两旁列八字墙。门厅上悬挂的匾额上书"两淮盐运使司"，加上这里曾经的地名叫做"运司街"，都在悄悄地告诉人们，原来在几百年前，这里

两淮盐运使司前的一对石狮

曾经是"运司衙门",即"盐运使"当年的衙门"盐运司"。

"盐运司"不是一个规范的名称,准确地应该称作"都转运盐使司",其全称则为"两淮都转运盐使司",官衙简称"盐运司""运司",任官者简称"盐运使""运使"。最初的得名就在元代,最初的衙门就设在扬州。据《元史·职官志·百官八》记载,元代灭宋之后,当时的扬州乃是江淮行省(又称淮东行省、扬州行省)的省会城市,统两淮、两浙广大地域;后来,至正十二年(1352)闰三月,"置淮南江北等处行中书省于扬州,以淮西宣慰司、两淮盐运司、扬州、淮安、徐州、唐州、安丰、蕲、黄皆隶焉",扬州又成为淮南江北行省的省会城市,管辖范围几乎达到今天湖北、安徽、江苏三省长江以北的大部分地区——但由于屡经战火,扬州城几度兴废,眼前的这处建筑已经不可能就是元代的那座衙门了。

虽然从汉唐时期开始实行盐铁官营、专卖,并设立盐铁丞、盐铁使,但是,将食盐运输单独析出并设立专门机构"盐运司"则始于元代,并沿袭至明清两代。《元史·职官志·百官七》记载,至元十一年(1274)将提举淮盐使司更名为两淮都转运盐使司,其后,"至元十三年(1276),初置江淮行省,治扬州",至元十四年(1277),两淮都转运盐使司衙署由海陵(今泰州)迁至扬州。

关于两淮都转运盐使司的命名,《元史·职官志·百官七》中有这样一段文字,详细介绍了相关情况,兹转录如下:"两淮都转运盐使司,秩正三品。国初,两淮内附,以提举马里范章专掌盐课之事。至元十四年,始置司于扬州。使二员,正三品;同知二员,正四品;副使一员,正五品;运判二员,正六品;经历一员,从七品;知事一员,从八品;照磨一员,从九品。……盐场二十九所,每(盐)场司令一员,从七品;司丞一员,从八品;管勾一员,从九品。办盐各有差。"

后来,元政府还于大德四年(1300)在真州、采石等处设置了批验所,掌批验盐引之职,"批验所,每所提领一员,正七品;大使一员,正八品;副使一员,正九品",所有经过扬州的盐船都必须经真州批验后才能发卖,所以

马可·波罗铜像

真州的盐务异常繁忙。至元十九年（1282），意大利威尼斯旅行家马可·波罗官任扬州，回国后著有《东方见闻录》（即《马可·波罗游记》）。在书中第六十八章，马可·波罗这样写道："大城镇真州，从这里出口的盐，足够供应所有的邻近省份。大汗从这种海盐所收入的税款，数额之巨，简直令人不可相信。"

另外，还设有盐仓，作为集中贮盐之所。两淮各盐场所产盐，原来在场中贮存，弊端甚多。成宗大德四年（1300），"淮东扬州、淮安地面，以远就近，分立六仓"（《元典章》卷22）。

元顺帝即位之初，"两淮盐法久而益坏"，朝廷起用王都中以正奉大夫行户部尚书两淮都转运使，"拯其弊"，王都中莅临扬州，便"创通州狼山闸，引海水入扬州，漕河以通江淮。筑句容、陈公、雷塘三河，浚真州朱金沙，以行运船"（黄溍《金华黄先生文集》）。

两淮盐运使官位如此之高，盐运司及盐场、批验所等下属机构官员如此之多,那么,他们究竟管理多大范围?

史载,两淮盐运司共管理盐场二十九所,分别是今天南通、泰州、盐城、淮安和连云港等地的"吕四场、馀东场、馀中场、馀西场、西亭场、金沙场、石埝场、掘港场、丰利场、马塘场、拼茶场、角斜场、富安场、安丰场、梁垛场、东台场、河垛场、丁溪场、小海场、草堰场、白驹场、刘庄场、五祐场、新兴场、庙湾场、莞渎场、板浦场、临洪场、徐渎浦场"。

而每一盐场又分为若干灶户聚在一起,煮盐的单位为"团",每"灶"又由若干家盐户组成:"归并灶座,建团立盘,或三灶合一团,或两灶为一团","立'团'定界址,分'团'围短墙"(陈椿《熬波图·各团灶舍》),每"团"都有固定的居住地区和生产地区。元代两淮地区,构成了"中书省、行中书省—盐运司—盐场—团—灶—盐户"这样一种盐业生产中的管理系统。

两淮盐运司所辖这么大面积的盐场内,每年又能产盐多少呢?

从最初设立两淮都转运使司,到盐产最高的年份,让我们分别按照《元史·食货志二·岁课》所提供"至元十三年,命提举马里范张依宋旧例办课,每引重三百斤,其价为中统钞八两;十四年,立两淮都转运使司,每引始改为四百斤"的数据来计算一下:

至元十六年(1279),"额办五十八万七千六百二十三引",即当年产盐2.35亿斤(盐户缴纳的盐有固定的数额,称为"额盐");

至元十八年(1281),"增为八十万引",即当年产盐3.2亿斤;

至元二十六年(1289),"减一十五万引",即当年产盐2.6亿斤;

至元三十年(1293),"以襄阳民改食扬州盐,又增八千二百引",即因为扬州盐供给襄阳地界,当年产盐增加到2.633亿斤;

大德八年(1304),"以灶户艰辛,遣官究议,停煎五万余引",即因为盐民生活过于艰苦,故政府同意减少定额,当年产盐2.433亿斤;

两淮盐区盐产最高年份是在天历二年(1329),"额办正余盐九十五万七十五引,计中统钞二百八十五万二百二十五锭",即当年产盐3.8亿多斤,按照每锭值银50两计算,即两淮盐运司下辖盐场当年的销盐总收入为1.425亿多两白银。

　　两淮地区如此连续大幅度增大的盐产量,得力于当时日臻成熟的海盐煮煎工艺。至顺元年(1330)付印的、我国现存第一部关于海盐制作的图解书——元代陈椿所著的《熬波图》,虽然记载的是当时浙西松江华亭下砂场(今上海松江一带)的盐场生产、盐民生活的情况,但由于它是在学习参考了宋代淮南人陈晔《通州煮海录》的基础上进行系统的总结,再加上松江与两淮盐场相距甚近,从原料采集到生产工艺、操作管理,直至捆

陈椿塑像

掣归垣等都极为相似,标志着我国古代海盐技术工艺已从比较粗陋简略的阶段,进入了精密系统的阶段,为后世制盐技术的进一步提高奠定了良好的基础,故而此处亦作简介如下:

　　《熬波图》全书共绘有52幅图,现存47幅图,叙述盐场设置、盐民生活和制盐的全过程:

　　先掘一淋坑,四周及坑底垒筑坚实,以防卤水泄漏。淋坑旁掘一卤井,淋坑底下有小竹管与卤井相通。淋坑内用一担生灰铺底,倒入灰盐,再用一担生灰盖面,上铺草束后用海水浇淋,淋出浓度较高的盐卤流入卤井。盐卤制成以后,最后要进行煎炼,将盐卤置于铁铸或竹编的盐盘中加热蒸发。随着水分的蒸发,盐卤渐渐浓厚,最后析出固体食盐。煎炼时收取食盐有两种做法,一种是将水完全烧干,一种是随时捞取食盐,同时再加新卤水,再蒸再捞,连续出盐。这种连续作业的制盐方法,有效地利用了热能,节省了工力。

　　2009年3月,经过三年多时间的挖掘、整理、修复和连接,由47幅元代绘画临摹单片制作而成的十米长卷《熬波图》在上海南汇问世。相关方面专家表示,这幅十米长卷《熬波图》堪称"天衣无缝",具有很高的观赏性和收藏

价值。

顺便来说说一张在扬州重见天日的当年的"盐引"。2003 年 11 月 19 日,扬州市民张南老向媒体出示了一份元代至治元年(1321)的扬州"两淮都转解盐运司广盈库盐引"。这份盐引的最初持有者为"王盈正",时间为元代至治元年四月,"盐引"面值为"银元宝伍拾锭",相当于纹银 2500 两。

银元宝是古代一种较大的银锭。银锭作为货币始于汉代以前,隋唐时称之为"银饼"、"银笏",宋金时期称"银锭",元代称为"元宝"。盐引上的面值是说其纸币相当于银元宝的数额——当时,这样的盐引可以与纸币钞票一样使用。因漕运、盐运的畅通及纸币的流行,元朝成为中国历史上第一个大规模以纸币作为流通货币的朝代,建立起世界上最早的完全的纸币流通制度,比欧洲早了 400 多年(元末时期,因滥发纸币而造成通货膨胀)。

说起元宝的得名,当源自元代银锭上的"元宝"铭文。《元史·杨湜传》中谈到:至元三年"以湜……加诸路交钞都提举,上钞法便宜事,谓平准行用库白金出入,有偷滥之弊,请以五十两铸为锭,文以元宝,用之便"。这就是"元宝"一词出现在银锭的最初记载。"元"即元代,"宝"即宝货。元宝就是元代的宝货。在银锭背面錾刻"元宝"两个大字,似有强调大元宝货的意义。千百年来,元宝一直是被政府和百姓当作财富用于储藏、继承,或用于买房置地,或备于战乱饥荒。

但可能不少人都不知道,最早的元宝就起源于扬州——元代初年开始行钞法,禁民间用银,至元十三年(1276),元兵平宋回到扬州,将搜刮来的白银在扬州设局铸造成元宝,每个重五十两。今天,古城之中仍有一条叫做"元宝巷"的小巷,巷名就是因此而来的。

现今发现最早錾刻有"元宝"字样的银锭,是至元十三年的扬州元宝。当时,丞相伯颜号令搜检将士行李,所得撒花银子销铸作锭,"归朝献纳世祖,大会皇子、王孙、驸马、国戚从而颁赐或用货卖,所以民间有此锭也。朝廷亦自铸,至元十四年者,重四十九两;十五年者,重四十八两"(见《古今图书集成·经济汇编·食货典》)。这种扬州元宝目前仅发现八件,其中七件被国家的博物馆收藏。2004 年,另外一件元代扬州银元宝在嘉德春拍中以 22 万元成交,曾轰动了钱币收藏界。

重新回到两淮盐区产盐的话题。这么许多的盐产、这么丰厚的盐利,故而元代流传有两淮盐区盐产量"独当天下之半"、"两淮盐税甲天下"的说法;也难怪元末著名诗人杨维桢会留下《盐商行》这样表达出"人生做官也好,富贵也好,都远不如经营食盐的盐商。盐商尽管出身很微贱,但最终可以与为官者争比财富之高低"思想的诗句:

> 人生不愿万户侯,但愿盐利淮西头。
> 人生不愿万金宅,但愿盐商千料舶。
> 大农课盐析秋毫,凡民不敢争锥刀。
> 盐商本是贱家子,独与王家埒富豪。
> 亭丁焦头烧海榷,盐商洗手筹运握。
> 入席一囊三百斤,漕津牛马千蹄角。
> 司纲改法开新河,盐商添力莫谁何。
> 大艘钲鼓顺流下,检制孰敢悬官铊。
> 吁嗟海王不爱宝,夷吾策之成伯道。
> 如何后世严立法,只与盐商成富媪。
> 鲁中绮,蜀中罗,以盐起家数不多。
> 只今谁补货殖传,绮罗往往甲州县。

但是,也许会令后人感到奇怪的是,即使这样,盐民们往往反而会因为产盐太多而生活愈加困苦。因为自己所产之盐官府卖不出去,即使卖出去也不是好价钱,为了维持生活,亭户们不得不冒险去走私贩私。例如至正十一年,淮东一次捉获私盐四起,其中两起便是由盐户手中卖出的。进而用逃跑的方法摆脱悲惨的命运,甚至于铤而走险,举行武装起义,向统治阶级发起血与火的抗争。

元代，盐的流通主要有两种方式：一种是由商人经手销售，即通常所说的"商运商销"方式；另一种则是由国家直接销售，即"官运官销"方式。但无论在官运官销方式下，或是在商运商销方式下，盐都是国家专卖而不是自由买卖的物品。它的流通受到国家的周密控制，两种不同的方式只表明控制的程度略有差异而已。两淮地区盐场的居民也实行计口食盐，即政府按照居民人口数（或户数）强行分摊盐额，按额征收盐价。"附场十里之内人户，取见实有口数，责令买食官盐。十里之外，尽作行盐地面。"

依前朝旧制，"（元）太宗庚寅年，始行盐法，每盐一引重四百斤，其价银一十两"，盐价较高。后来，元政府逐步推行纸币，使用"中统钞"，各路盐课又通行纳钞，现钱买引。盐钞虽是纸币，但以银按照一贯钞值银五钱来换算，盐价降低了许多。"世祖（忽必烈）中统二年（1261），减银为七两。至元十三年（1276）既取宋，而江南之盐所入尤广，每引改为中统钞九贯。"

为了维护其统治地位，元朝政府通过大量增发盐引，不断提高盐价，以增加盐课收入。"（至元）二十六年（1289），增为五十贯，元贞丙申（1296），每引又增为六十五贯，至大己酉至延祐乙卯，七年之间，累增为一百五十贯。"盐价之贵，旷古未闻。从元初盐价为每引九贯，到后来的每引一百五十贯，近十六倍的差价，让亭户盐民的劳役负荷比之前更加繁重，也让百姓减少食盐的使用，直到有人因此"淡食"——因穷困而买不起盐、不吃盐，这其中竟然也包括在两淮盐场生产食盐的灶户盐民。泰定年间（1324—1328），由于官府每年不断增加盐产数额，但草荡面积未变，煮盐的柴草严重不足，为了完成居高不下的额盐任务，盐民们不得不做起杀鸡取卵的事情——提前至每年的三四月间就开始砍伐柴苗，延迟至每年的八九月间砍削柴根，这些显然都是顾得了当年就顾不得下一年的。

即使如此艰辛、超负荷的劳作，盐民的收入依然微薄，甚至还要受到当地官吏的层层盘剥。比如灶户在将煮煎的食盐送赴官仓交纳时，官吏公然多取余盐，克扣工本钱，甚至不给现钱而以其他物品准折。由于元政府凭借其政权强力,对盐产区实施如监狱一般的严密控制,所以盐民们敢怒不敢言。

为了体现对食盐的专卖,政府又制定了严酷的法令,"犯私盐者,徒二年,杖七十,止籍其财产之半;有首告者,于所籍之内以其半赏之。行盐各有郡邑,犯界者减私盐罪一等,以其盐之半没官,半赏告者"(《元史·食货志》二)。

但是,这一系列剥削、掠夺和暴行、酷法的后果,大大加剧了元代社会矛盾的尖锐复杂程度,激起了贫苦百姓的反抗斗争。尤其是官盐既贵、私盐愈多,加之权贵托名买引、加价转售,军兵违禁贩运,致使官盐积滞难销,民不聊生,危机四伏,终于酿成了两淮盐贩张士诚威震江浙的元末盐民起义,他们与浙东盐贩方国珍率领的盐民起义以及其他农民起义遥相呼应,推翻了元朝的残暴统治,故而史家称之为"元朝亡于盐政之乱"。

张士诚,小字九四,泰州白驹场戚家团(今江苏省大丰市大隆乡万民村)人。英宗至治三年(1323)出生于一个贫苦的盐民之家,成年后与三个弟弟士义、士德、士信以"驾运盐纲船,兼业私贩"(陶宗仪《辍耕录》卷29)糊口,常受官府与富户欺压。至正十三年(1353),张士诚与三个弟弟和同乡盐民李伯升、潘元明、吕珍等十八人一起,手操扁担、刀杖,痛杀弓手(相当于盐警)丘义及所仇富家,焚富家庐舍,引兵进入附近盐场,发动起义,时"盐丁方苦重役,遂共推为主"(《明史·张士诚传》),民间称这次起义为"十八条扁担起义"。

盐民起义得到了两淮盐运司管辖的沿海三十六处盐场盐民和附近的农民风从响应,起义军迅速占领白驹场、丁溪场,并连克泰州、兴化,直下高邮。张士诚在高邮自称"诚王",建立"大周"政权,年号为"天祐"。起义军在高邮多次粉碎包括以丞相脱脱为主帅的元军围剿,切断了京杭大运河的盐交、漕运,掐断了朝廷的财源,给予元朝本已捉襟见肘的经济以沉重的打击。至正十六年(1356),张士诚进军江南,以后又向西北发展,统治着南起浙江绍兴,北到山东济宁,西达安徽、河南东部,东临大海的广大财富之地,拥兵几十万。在他控制的地区,招贤纳士,轻徭薄赋,兴修水利,发展生产,人民生活水平不断提升。

此时，朱元璋率领的另一支来自安徽的农民起义军占领了集庆（今江苏南京），自称"吴国公"（后又称"吴王"），与已建立周政权的"吴王"张士诚遥相呼应，世称张士诚为"东吴"，而称朱元璋为"西吴"。为了加强联合，朱元璋主动派出使者杨宪通好于士诚，提出"睦邻守国，保境息民"的主张，但被当时兵多地广、自视甚高、拥兵自重的张士诚傲慢地拒绝，并扣押了使者，从此，朱元璋与张士诚结下深怨。后来，朱元璋派兵进攻常州并俘虏了张士诚之弟张士德等多名大将，虽然张士诚派人送信并以每年捐献粮二十万石、黄金五百两、白银三千两的代价求和，但朱元璋为报昔日之耻，断然拒绝，并继续加大兵力连续攻克张士诚所占领的江阴、长兴等江南重镇，迫使张士诚不得不固守在苏南平江（今江苏苏州）的狭小之地。

为了尽快摆脱困境，张士诚曾一度诈降元朝，赢得了喘息之机。至正二十三年（1363），张士诚在平江府再度树起反元大旗，复称吴王，起义队伍重新活跃于江浙一带。但这一次他再称吴王，听信在经济上给予起义军大力资助的江南巨富、苏州大财主沈万三——就是那个传说中因拥有"聚宝盆"而发家致富的、当今旅游景点苏州周庄热卖美食"万三蹄"的创始人，张士诚的反元意志衰退，生活奢侈糜烂，不问政事，不纳善言，甚至连好友杨维桢（即前文提及《盐商行》的作者）的千言亲笔谏书也被他弃置一旁。

后来，朱元璋传檄声讨张士诚，张士诚被由徐达、常遇春（现扬州旧城里的"常府巷"及粉妆巷、禾稼巷、张甲桥、卸甲桥等周边数条街巷，传说是至正十五年常遇春受命任江南行省都督马步水军大元帅率兵取淮东后自己及家人所居之处）等将领围城攻打，屡战屡败。至正二十七年（1367）九月，平江府被朱元璋攻破，张士诚被俘，被押至应天（今江苏南京），自缢而死。至此，历时十四年、中国历史上唯一的一次由盐民自发组织并建立起政权、发生在元代末年扬州所辖两淮盐区的盐民起义以失败告终。

张士诚死后，江浙沿海一带盐民百姓都会于每年的农历七月三十日晚上焚香祭拜，其香名为"久思香"，既含长久思念之意，更谐音张士诚"九四"之小名；而且，盐民们还用"祭藏王"的谐音"祭张王"来表达对张士诚的纪念。

直至今天,在苏北沿海地区仍然流传着许多关于张士诚的民间故事。

特别值得一提的是,张士诚当年的盐民起义队伍中还出现过中国四大名著两位作者的身影,而他们根据当年的相关生活创作出的《水浒传》,在中国文学史乃至世界文学史上树起了一座丰碑,开创了中国明清小说的繁荣局面。这两位著名作家就是分别被誉为"世界长篇小说之鼻祖"、"中国章回小说之鼻祖"的施耐庵和罗贯中。而他们当年与两淮之盐的结缘,更为以扬州为中心的两淮盐业文化、中国盐业文化乃至世界盐业文化都增添了异常炫目的光彩。

施耐庵与盐的结缘,始于他的祖籍和居住地均是扬州所辖的重要产盐区——其祖籍泰州海陵县,出生于苏州阊门外施家巷,后迁居当时兴化县白驹场(今江苏省大丰市白驹镇)。他自幼聪明好学,延祐元年(1314)考中秀才,泰定元年(1324)中举人,至顺二年(1331)登进士后不久任钱塘(今浙江省杭州市)县尹。为官三年,因不满官场黑暗,不愿逢迎权贵,弃官回乡。后来,同乡盐民张士诚等率盐民起义时,敬其文韬武略,再三邀请施耐庵至军中为幕。抱着建造"王道乐所"的宏远计划,施耐庵欣然前往,在他幕下参与谋划,并和他的部将卞元亨相交甚密。后因张士诚贪享逸乐,不纳忠言,施耐庵与同时为幕的鲁渊、刘亮、陈基等大为失望,相继离去。施耐庵与鲁、刘相别时,曾作《新水令·秋江送别》套曲,抒发慷慨悲痛之情。此后,施耐庵浪迹天涯,漫游山东、河南等地,曾与山东郓城县教谕刘善本友善,后入江阴祝塘财主徐骐家中坐馆,除了教书以外,还与拜他为师的罗贯中一起研究《三国演义》、《三遂平妖传》的创作,搜集、整理关于梁山泊宋江等英雄人物的故事,为撰写《江湖豪客传》准备素材。至正二十七年(1367),朱元璋灭张士诚后,到处侦查张士诚的部属。为避免麻烦,施耐庵征求兴化好友顾逖的意见,从此隐居白驹不出,专心于《江湖豪客传》的创作。《江湖豪客传》成书后定名为《水浒传》。

《水浒传》这部盐民起义的悲壮史诗,虽然写的是北宋末年宋江在梁山泊聚义的故事,但实际上却是反映了元末农民大起义特别是张士诚领导的盐民起义的社会现实。可以这样说,施耐庵据以加工、创作的生活原型,就是张士诚起义。

《水浒传》成书近 650 年之后的 2008 年秋天，扬州著名作家王资鑫以施耐庵与张士诚的故事创作的长篇小说《水荡双魔》由宁夏人民出版社正式出版发行。创作中，王资鑫嵌入了许多扬州元素、盐业元素，既有扬州的淮扬菜肴、名刹禅林，又有盐场劳作、盐民生活，并使之成为故事情节中不可缺少的有机组成部分。小说更以大量的民间传说和历史事实，证明了元末明初的施耐庵参加了张士诚发动的如火如荼的盐民起义，还原了当年施耐庵以两淮盐业历史上最大的盐民起义为背景，假借北宋末年宋江起义的故事，将张士诚起义写成了《水浒传》这一历史的真实情况。在小说扉页的《编辑推荐》中，本书编辑这样写道："本书是一文一武两位传奇人物风云际会的故事：文的是施耐庵，武的是张士诚，全书以历史上著名的水泊起义为背景，撷取施、张被'逼上梁山'的亲历，探讨了元末明初农民起义的历史规律，揭示了《水浒传》产生的可能性、可信性与必然性。"

说到另一位元末明初著名作家罗贯中，以及他与张士诚、施耐庵还有《水浒传》之间的关系，学术界历来是众说纷纭，莫衷一是。明代王道生所撰《施耐庵墓志》中说罗贯中帮助施耐庵校对《水浒传》："先生（按：指施耐庵）之著作，有《志余》《三国志演义》《隋唐志传》《三遂平妖传》《江湖豪客传》。每成一稿，必与门人校对，以正亥鱼，其得力于罗贯中者为尤多。"而清代顾苓则在《跋水浒图》一文中说罗贯中是《水浒传》的作者："罗贯中客霸府张士诚，所作《水浒传》题曰《忠义水浒》。"1953 年 12 月人民文学出版社出版的《水浒传》卷首《关于本书的作者》则又说："施耐庵是就罗贯中的原本或接近原本的某本（百十五回本中的大部分）加工改写成的。"

虽然直到今天学界仍然还在为罗贯中的籍贯、与施耐庵的关系等等争论不息，但不管怎么说，罗贯中是元末明初著名小说家、戏曲家这一点是不会改变的；罗贯中的一生著作颇丰，主要代表作《三国演义》是不会改变的；还有一点也是不会改变的，那就是在扬州盐业文化中，施耐庵、罗贯中永远都将晶莹如盐、灿烂如星，值得后人永远缅怀、纪念。

第四章　天下盐利　扬州为雄

——明代的扬州盐业

　　明初实行"开中法"，来自山西、陕西和安徽等地的盐商移居扬州，从此扬州盐商群体真正在扬州崛起。明代中期起推行"纲盐法"，官不收盐，由商人和盐户直接交易，收买运销权都归于商，并可以世袭。这种官督商销制度，就是招商包销制。政府把收盐运销之权一概交给盐商（纲商），纲商垄断了盐引和引岸的一切权力，扬州盐商获利更巨、资财更丰、影响更大。

第一节　为何秦商、晋商和徽商都奔向扬州

——明代初期的扬州盐业

　　明代扬州盐业无论从盐的生产技术、产量、质量,还是从其在全国盐业中所处地位、在政府税收中所占比例,以及盐政措施都不同于前代,并有较大变革、长足发展。特别是明代"开中法"、"纲运法"的相继实施,使得以扬州为中心的两淮盐业成为牵动明朝政府经济、政治、国防安全的纽带。同时,因为淮盐的行销,也促进了以扬州为中心的两淮地区商品经济的发展与繁荣,并由此在扬州出现了一大批富甲一方,俗称"扬州盐商"或"两淮盐商"、"淮商"、"扬商"的盐商富贾。

　　明朝对全国盐业的统治,始于扬州且早于明王朝建立之前——实际上,元至正二十六年(1366)正月,朱元璋攻陷张士诚所据泰州、淮安盐区之后,就沿元代旧制继续在扬州置两淮都转运盐使司,设运使、同知、判官、经历、知事、照磨等官,统领两淮盐务,下辖泰州、淮安、通州三分司及三十场盐课司。

　　但当时的扬州城遭到战火破坏,损失至为惨重。元至正十七年(1357),自称吴王、建都应天府的朱元璋派元帅缪大亨攻打"青衣军"张明鉴据守的扬州城时,大开杀戒,几近屠城;加上在被围城的日子里,因军粮不济,张明鉴下令屠杀城中百姓作为军粮(事见《明史记事本末》卷2),战争结束时,百姓死伤逃亡,扬州城几乎成了一座空城。据《明太祖实录》记载:"按籍城中,仅余居民十八家。"现在扬州老城区的城址,几乎就是明代扬州的旧址,而旧城东南徐凝门桥附近就有一条巷子就叫"十八家",民间流传乃据此而得名。

　　虽说这条巷名无法确考,但两个数据的比较却可以计算出当时扬州城究竟有多少人惨遭杀害。元代来中国传教的圣方济会教士鄂多力克在扬州逗留过,他在《鄂多力克行记》书中写道:"(扬州)其城甚广大,其户至少有

四十万,亦云有五十二万。"从五十二万(至少四十万),一下子变成仅仅只有十八家,扬州在元末确实遭遇到了毁灭性的打击。因此,在明朝初年,扬州城内居民很少,多的是军人;扬州城内商铺很少,多的是军营。直到今天,明初的扬州城,就是我们今天称为老城区或"旧城"的地方仍然保存有许多带有军事名称的街巷,如教场、兵马司巷、东营、西营、卸甲桥等等。

在古代农业社会,人口是社会经济发展的基础,要使得曾经在此前数朝数代雄霸一方的扬州经济(特别是其中比重最大的盐业经济)迅速得到复苏,给新生政权予以强有力的经济支持,最快也是最好的办法就是从外地移民,于是便有了"洪武赶散"的故事。

当年因为苏州百姓全力支持,朱元璋对张士诚据守的苏州城久攻不克,心中积怨很深。明朝建立之后,苏州百姓对吴王张士诚仍怀有思念之情,更令朱元璋感到是个隐患。为了防止支持吴王张士诚的苏州人以及张士诚义军后裔反抗政府,同时恢复长江以北地区农耕经济,洪武二十一年(1388),朱元璋诏令官府将苏州一带百姓强行迁至扬州、淮安二府各州县——张士诚的家乡及当年盐民起义的淮南各盐场——从事煎盐劳役。一般为三丁抽一或五丁抽二,将抽中的人丁集中到苏州阊门驿站点验编排,然后押到江北指定州县安家落户。后因"戍边屯田",又陆续从苏州等地强迁没有土地的居民4000余户,到南黄海之滨各盐场充作烧盐的煎丁,或是在离海滩不远的荒滩上开荒、捕鱼,史称"洪武赶散"。

明朝初年来自苏州的移民,广泛地分布在现在的扬州、淮安、盐城、泰州等地,所涉及的县(市)近30个。有专家考证,因为祖先来自苏州,甚至到了今天,扬州人说睡觉往往还是喜欢说"上苏州"——就是在梦里回到故乡的意思。也正是因为苏州等地移民不断涌入,扬州城的人口大增。据《嘉靖惟扬志》记载,到洪武九年,扬州府的人口已增加到51万,而从洪武九年至洪武二十六年(1376—1393),扬州府的人口又从51万增加至74万。此后,也不断有移民进入扬州,《万历扬州府志》中记载,20个人中,只有一个人是扬州土著。

　　当然,扬州经济的繁荣,除了人口增多,还有其他条件,特别是像盐业、漕运的再度兴盛,对扬州经济带来了至关重大的影响。其中,扬州盐业的再度兴盛,得力于明王朝对盐业的重视,得力于政府采用引制的专卖政策,得力于明廷对权贵贩私、官吏作弊的严厉处置,也得力于经过整顿变得井然有序的两淮盐务。据《明史·食货志四》和《续文献通考·征榷考》记载,明初时,为了增加食盐产量、多征盐税以济国库收入,整顿场务,签民为灶,按户计丁,称为"盐丁"。同时,政府在盐业政策、盐民待遇等方面都给予极大的优惠。盐场属于政府所有,灶户生产用的煎盐铁锅等工具、烧草芦荡的草场、摊晒用的灰场等均由政府供给,而且还免除灶户的各种杂役。当然,灶户所生产的食盐,也按盐丁人口规定了一定数额作为上缴政府的"额盐"(也称"正课")。每一引(四百斤)盐,每年发给灶户工本米一石,同时调低盐引价格,一小引(二百斤)只纳银八分。在此优渥政策之下,灶户生活状况有了很大改善,远胜于元代,场私夹带、透漏等私盐之风也明显减少。因此,盐业生产得到了很大的发展。

　　当时,淮盐仍为全国盐业的重点,按照《明史·食货志四》提供的数字计算,明代两淮地区的盐业生产,聚团公煎者,2—6 人共一铁盘,日煎盐 600 斤,每年可煎盐 21 万多斤。嘉靖时,淮南、淮北各有灶户 17382 和 9308 户,以一丁一日晒盐可得 200 斤、一年以 120 个晴天计算,一个灶丁一年可得盐 2 万余斤。也就是说,如果排除掉人为和自然的因素,明代两淮地区每年的产盐总量竟可达到 1.5 亿斤,约占当时全国产盐总额的十分之三。

　　明初,蒙元势力在北部边疆成为心腹大患,明政府在从辽东到甘肃的九个边防重镇(史称"九边")驻有 80 万军队,后勤保障成了大问题。为了解决边疆驻军的吃、穿、用,巩固边防,明朝政府开始实施一种类似于北宋实行的折中法及其变种的盐业制度,即让商人运粮(或其他边疆所需物资)到边疆,以所运之粮等物资来换取盐引,然后凭盐引到指定的盐场支取食盐,再到政府规定的销盐区销售,获取利润。这种盐政、边政相结合的"开中制度",就是作为明代盐政立法成功一大标志的"开中法","中"即"换"之意,而所换之盐就是以扬州为中心的两淮地区所产之盐。

洪武三年（1370）六月，由山西行省针对军屯和税粮不足供给边地驻军需要时提出："大同粮储，自陵县（今山东陵县）运至太和岭（在今山西马邑），路远费烦。请令商人于大同仓入米一石，太原仓入米一石三斗，给淮盐一小引。商人鬻毕，即以原给引目赴所在官司缴之。如此则转运费省而边储充。"（《明史·食货志四》）淮盐一小引，即在扬州盐运司交割的、计量单位为二百斤的盐引，相对于正常为四百斤的盐引，它确实是"小引"。

开中法大致分为报中、守支、市易三个步骤。报中，是盐商按照明政府的招商榜文所要求的，把粮食运到指定的边防地区粮仓，向政府换取盐引；守支，是盐商换取盐引后，凭盐引到指定的盐场守候支盐；市易，则是盐商把得到的盐运到指定的地区销售。领取盐引则须凭"引窝"（又称窝根、根窝），即证明拥有运销食盐特权的凭据。盐商为了得到这种特权，须向政府主管部门认窝。认窝时，要交纳巨额银两。握有引窝的盐商就有了世袭的运销食盐的特权。

而正是从实施开中法之时起，"扬州盐商"（或称为"两淮盐商"）的盐商群体真正在扬州崛起，并以其地域结构的多样性、文化元素的多元化、组成人员的多层次而立足扬州、影响全国。在其影响了明清两代 500 余年封建社会政治、经济、军事、文化等各个方面之后，继续在现代社会的居民生活、城市格局、旅游经济等方面发挥着其潜在而巨大的文化影响力。

开中法始于山西，继行于陕西、甘肃等边地，这些地区的商人既有地域之便，又有经营盐业的传统和经验，自然而然地就成为扬州盐商群体中最为重要的组成部分。著有《天工开物》的明代科学家宋应星在《野议·盐政议》中记载："商之有本者，大抵属秦、晋与徽郡三方之人"，说的就是盐商大多来自秦、晋与徽郡，即今天的陕西、山西和安徽一带，故而当时扬州有"秦腔歙语满街巷"、"凡有麻雀飞处，即有山陕商人"的说法，而最先来扬州经营盐业的是山西的晋商和陕西的秦商，即被前人称为"西商"、"西客"的那批商人。来自安徽的徽商最初进入扬州的时间当在明代之前，从明仁宗之后，徽商到扬州、到两淮的人数才逐渐增多,而徽商群体来到扬州则是在明代中叶。史载:"明中盐法行,山、陕之商麇至。三原之梁,山西之阎、李,科第历二百余年。至于河津兰州之刘,襄陵之乔、高,泾阳之张、郭,西安之申,临潼之张,兼籍故土,实皆居扬,往往父子兄弟分属两地。……此外如歙之程、汪、方、吴诸大姓,累世居扬而终贯本籍者,尤不可胜数。"《江南竹枝词》描写当时的扬州文化活动,就有写到"舞罢乱敲梆子响,秦声惊落广陵潮"的句子;而当时山西商人的资本积累也相当可观:"平阳、泽、潞富豪甲天下,非数十万不称富。"

随着盐商从全国各地的不断涌入,越来越多的各地盐商会馆出现在扬州城内。这种既有联结同乡之谊和沟通经济情报,又有垄断中转贩卖权的类似同业工会的组织及其聚会场所,现在扬州老城区东关街 250 号至 262 号的民居,就是扬州最早的盐商会馆山陕会馆的遗存,是秦商、晋商当年在扬州活动的历史见证。弘治后期,由陕西迁居扬州的盐商,有数十人,声望最高的是来自咸宁县的张臻,不但财力雄厚,而且为人慷慨,"急人之难,义所宜施,挥金不吝","故关中贾扬(州)者,皆推戴(张臻)公"。

由于具有坚韧不拔、吃苦耐劳的精神品质,来自各地的扬州盐商终于从社会底层逐步爬升到极为富有且极具影响力的社会阶层。扬州盐商当时究竟有多富有,冯梦龙的《醒世恒言》第三十七卷《杜子春三入长安》有这样的描述,可资参考:

话说隋文帝开皇年间,长安城中有个子弟姓杜,双名子春,浑家韦氏。家住城南,世代在扬州做盐商营运。真有万万贯家资,千千顷田地。那杜子春倚借着父祖资业,那晓得稼穑艰难,且又生性豪侠,要学那石太尉的奢华,孟尝君的气概。宅后造起一座园亭,重价构取名花异卉,巧石奇峰,妆成景致。曲房深院中,置买歌儿舞女,艳妾妖姬,居于其内。每日开宴园中,广召宾客。你想那扬州乃是花锦地面,这些浮浪子弟,轻薄少年,却又尽多,有了杜子春恁样撒漫财主,再有那个不来!虽无食客三千,也有帮闲几百。

后来,随着明王朝统治阶级的日益腐败,皇室、宦官、贵族、官僚们见持有盐引有利可图,纷纷奏讨盐引,转卖于盐商,从中牟利,这一现象被称为"占窝"。这种现象愈演愈烈,破坏了开中制度,也严重影响了政府的财政收入,至明中叶时,其已存在的盐商守支等弊端严重阻碍了自身的正常运行,甚至到了快要瘫痪的程度,改革盐法已势在必行。

孝宗弘治五年(1492),淮南山阳(今江苏淮安)人叶淇为户部尚书,改开中法为折色纳银法。他将开中旧制改为商人以银代粟,交纳于运司,解至太仓,再分给各边,每引盐输银三四钱不等,使中盐方式由以纳粮等实物为主转向以纳银为主,从而较好地解决了守支问题,致太仓银多至百余万,国家的财政收入骤增。也正是叶淇改变盐法,促使盐商分化为边商、内商和水商,是明代中叶徽商涌入两淮的主要原因。由于距产销区都近,更因为运河、长江水路运输的便利,再加上盐运官署依然设立在此,扬州再度成为全国的盐业中心。

据《万历扬州府志·盐法志》记载,"于是商遂分为三:曰边商,曰内商,曰水商。"一部分中小盐商仍在边境地方纳粮取得仓钞,再携此到扬州两淮盐运司等衙门换取盐引,经过官府平价转卖于内商,是为"边商";一部分盐商向淮、浙内地一带迁移,向设立在扬州的纳银换引,下场支盐,再经官府许定盐价转卖于水商,是为"内商";"水商"则多为江湖行商,买到盐后,由官府验其盐数、船数,并运至指定行盐区域出售。一般来说,边商往往缺乏资本,而内商则大多资本雄厚;内商以低价收购边商的盐引,边商衰落,内商壮大。边商主要为秦商、晋商,而内商则主要为徽商。(徽商当时又称新安商人,主要集中在今安徽省歙县、黟县、休宁、祁门、绩溪和江西省婺源一带。)此后,秦商、晋商逐渐退出盐业进行其他贸易,强大富有的徽商则完全主宰了盐业,并一直延续到清朝嘉庆年间。《万历扬州府志》说:"(安徽)新安贾最盛,关陕、山西、江右次之。"万历三十七年(1609)的《歙志·货殖》则称:"而今之所谓大贾者,莫有甚于吾邑。虽秦、晋间有来贾淮扬者,亦苦朋比而无多。"

而因为扬州盐商的经济特别富有、生活奢侈糜烂,喜欢吟风弄月、征歌逐色,他们常常青楼买笑、红粉追欢,扬州的城市人口也出现了结构性变化。许多扬州人开始着意于商业和服务业,其中也因此出现了诸如"扬州瘦马"、"广陵美姬"等专门从事色艺服务的特殊女性。在冯梦龙《警世通言》"杜十娘怒沉百宝箱"等故事以及兰陵笑笑生的《金瓶梅》、凌濛初的《拍案惊奇》等多部明代文学作品中对此多有描述,而冯梦龙所著《情史》中就记载了这样一个嫁给盐商的扬州妓女的有趣故事。

华亭(今上海)人钱福,弘治庚戌年(1490)中状元,授翰林院修撰。钱福罢官回乡闲居后,听说扬州有一个姓张的妓女十分漂亮,就去寻访。到了扬州才知道张氏已经成了某大盐商的小老婆,于是就去拜访那个盐商,以便一睹芳颜。当张氏袅袅娜娜地走出来时,钱福不禁为之神魂颠倒——她的皮肤本来就洁白如雪,再加上身穿洁白的丝绸衫裙,楚楚动人,顾盼生姿。钱福当即挥笔写了一首风趣诙谐、语带双关的七绝:

淡罗衫子淡罗裙,淡扫娥眉淡点唇。

可惜一身都是淡,如何嫁了卖盐人。

天生丽质、风度翩翩、气质可人的扬州女子张氏,偏偏嫁给了满身铜臭、俗不可耐、不解风情的盐商,这在钱福看来,简直就是一朵鲜花插在了牛粪上!

第二节 "纲盐法"开创扬州三百年辉煌历史
——明代中、晚期的扬州盐业

上一节提到扬州老城区的盐商会馆山陕会馆位于东关街,还是在这条街上,过去还有一条巷子因为曾经是盐使衙门疏理道的所在地而被称为"疏理道街"(后又名"怀远坊"),不过昔日的官衙公署早已成为一座叫做"准提寺"

准提寺

的古刹。《雍正扬州府志·公署志》："疏理道在利津门（今东关）内，明万历四十五年（1617），设以疏通盐法，未几裁并。"当年，就是在这里，诞生了一部对于中国封建社会盐业经济史影响巨大的重要盐法制度——纲运法。

明代淮南因海势东迁，开始废灶兴垦，盐场产量下降，年平均产盐只有150万担；但淮北地势好，盐区有所扩大，年平均产盐900万担。到了世宗、穆宗、神宗之时，开中法久坏，虽商人改纳"折色"支盐，但官收场盐不够给付，商人手持盐引久候无盐，致使所积盐引甚多，"两淮盐积欠至五百余万引"。而另一方面，"正德末年权阉占窝，淮盐大壅"，两淮正盐（额盐）盐引大量积压，卖不出去。为了解决这种一面盐引卖不出去、一面盐引卖出去又支不到盐的矛盾，明政府决定全面推行余盐带销的制度。嘉靖年间，以两淮盐区为重点的搭配正盐销售余盐的添引带销、减重增价、余盐加斤、增设工本盐等规定开始实施，但这些措施并没有明显奏效，淮盐接连出现盐引壅积的情况。

为疏销历年积引，万历四十五年（1617）九月，户部郎中、以按察使署理两淮盐政、任盐法道的袁世振来到扬州，在与扬州盐商们广泛接触、了解之后，提出了"纲运法"（盐政纲法），即立"纲法"，把过去作为盐运司掣盐批数的"单"（两淮岁掣十二单，每单包括若干引）改为"纲"。根据盐院"红字簿"，将各商所领盐引分十纲，按"圣德超千古，凰凤扇九围"十个字编成纲册，每年以一纲行积引，九纲行新引。每年开始征税给引，称"开纲"；各商将分配数额运完，称"到纲"。允许各商永远据纲册为"窝本"，每年照册上旧数派行新引，无名的不得加入。从此官不收盐，由商人和盐户直接交易，收买运销权都归于商，并可以世袭。

也就是说，纲法是一种官督商销制度，即招商包销制。政府把收盐运销之权一概交给盐商，为民制、商收、商运、商销。从此，专商垄断了盐引和引岸的一切权力。

而且，袁世振通过除套搭、去奸囤而加以合理调整，并规定了统一的盐引价格："买新引，则减九钱二分为五钱五分；纳余银，则减一两四钱五分为八钱"，这种让利于盐商的做法自然得到了商人的欢迎，"利之所在，人争趋之"，盐商们"翕然称便"，积极踊跃地认购盐引——两淮盐区不仅每年销新引十七万六千余引，壅积多年的一百四十余万引旧引也在十四年后全部销尽。

采用纲运法运销食盐时，商人须按规定年额完税，且按规定地区运销。不同产盐区的行盐区域是不同的，同时还有严格的区域限制。据《明史·食货志四》记载，明代两淮之盐的销售、行盐地区，"盐行直隶之应天、宁国、太平、扬州、凤阳、庐州、安庆、池州、淮安九府，滁、和二州，江西、湖广二布政司，河南之河南、汝宁、南阳三府及陈州"。所输边"甘肃、延绥、宁夏、宣府、大同、辽东、固原、山西神池诸堡"，上供"光禄寺、神宫监、内官监"。淮盐的行销区域并不是不变的，而是时有消长的。由于淮盐产量大，质优味美，最远的行销地区到达贵州——"正统中，贵州亦食淮盐"。

对于两淮之盐行销的管理，来自盐运、盐政官署机构。被收入《皇明世法录》的卢楫《禁约提单》中有这样一段记载："掣验之规，以先出场者，淮南至白塔河巡检司，淮北至安东巡检司，招依先后，定为次第，开单送巡盐御史。放过扬州者，俱在钞关迤东上堆；淮北者，俱在支家河迤北上堆。放掣之际，查照单之先后,赴各批验所称掣。"

这段文字里提到了一个读者朋友常常听说的官职——巡盐御史以及设在扬州的两个盐政机构,一个是批验所,一个是钞关。

巡盐御史,是御史巡盐制度的特别官员名称,始于明成祖永乐十三年(1415)。据《明史·职官志》载:明太祖洪武初,沿元制在主要产盐区两淮、两浙、长芦、河东、山东、福建等六处,设立了盐运司。各司均由都转运(从三品)主管盐政,并曾一再命御史巡视盐课。到了英宗正统元年(1436),朝廷正式派遣巡盐御史,主管巡查督察,两淮、两浙、长芦、河东各一人(正七品)。嘉靖五年(1526),任职两淮巡盐御史的雷应龙在府城西门内仰止坊修建维扬书院,内有六经阁、资贤门、资贤堂、丽泽门、志道堂等,可惜今天皆已毁圮,不过,扬州城内却因此又多了一处与盐业历史相关的地名——书院巷。

而两个明代的盐政机构,至今在扬州老城区的地名中还留有印迹。

批验所——盛世岩关。在东关街的西段,曾建有砖砌圈门,高约两丈,石额题曰"盛世岩关",明代于此设有查验场盐的稽合机构批验所。盐商凭引从盐场提盐,运扬入仓,等候稽合,然后始可转运各岸销售。关久不存,但地名仍留存在老人们的记忆里。与扬州发展同步的还有在洪武二年(1369)由真州改名而来的仪真县(今江苏仪征),随着盐运数量的增加,其地位日益重要,商业和服务业的繁盛甚至在扬州之上,朝廷也在此设立了批验盐引所。

"盛世岩关"石额

　　说起仪征批验所的设立，还有一个瓜洲与仪征此消彼长的传说。据《嘉庆瓜洲志》记载，明初，淮南批验所先置于真州（今仪征），后改建于瓜洲，从而使得瓜洲顿时繁荣异常，"掣盐渚上，冠盖络绎，商贾繁盛，居民殷阜，第宅蝉连，甲于扬郡"。可是到了洪武十六年（1383）夏天，兵部尚书单安仁向朝廷建议，"奏请浚仪真南坝至朴树湾，以便官民输挽；疏转运河江都深港以防淤浅；移瓜州仓廒置扬子桥西，免大江风潮之患"（《明史·列传第二十六》），朝廷接受了他的建议，又将瓜洲批验所移建于真州城南二里的一坝、二坝之间。因此，瓜洲立即萧条下来，"民乏恒产，工无恒业，街市寥落，宛同乡野"，前后对比，令人油然而生转盛而衰的感慨。传说故事就发生在此时，据说，富贵不再的瓜洲盐枭因此刺杀了单安仁全家。而对真州百姓来说，听说带给他们好运的单安仁被杀，他们悲痛不已，修建福祠，私下举行祭祀活动。后来，在仪征流传下来每年正月初一开财门、接天地之后就要拜祭福祠的风俗习惯。

　　再来说说钞关和挹江门。在今天埂子街与盐阜路交会处，挹江门位置就是过去被称为"钞关"的地方。作为明代内地征税的关卡，钞关是在宣德四年

钞关

挹江门

（1429）为疏通钞法而设，因起初系以钞券（纸币）交纳税款，故称钞关。明代推行"钞法"，全国从天津至扬州沿运河要地共设立有七所钞关，扬州就是其中之一。扬州钞关的公署名曰"户部分司馆"，由御史及户部官共同监收。据万历八年（1580）《太仓考》所载，扬州钞关上交的商税正余银为9678.97两。当时的征钞标准，是每船100料收钞100贯。后来收钞标准不断调低，宣德八年（1433）降为60贯，正统四年（1439）降为40贯，十二年降为20贯，景泰元年（1450）又降为15贯。弘治六年（1493）又令船钞折银，每钞1贯折银3厘，每钱7文折银1分。钞关的征钞标准屡降，而总钞额并未随之相应降低。钞关征银数的增加，一方面说明朝廷为应付财政危机，不得不尽量扩充财源，另一方面也说明运河货运繁盛，经过钞关的货船越来越多，扬州的钞关存在着增加税额的潜力。

纲运法的实施，进一步加强了扬州盐商对盐业的垄断。这种自明代万历以后所实行的商人垄断食盐运销制，一直成为中国封建社会不变的盐法体制，直至二百多年之后的清道光十一年（1831）一度为陶澍盐政改革的"票盐法"所代替，但不久又变相恢复，又实行了近百年。也正是这种垄断经营的不断巩固和加强，才使得扬州盐商越来越成为官商结合、富可敌国的特殊商帮集团；也正是因为扬州盐商的富有强盛，才开创了明清两代数百年扬州城市经济快速发展、文化艺术极度昌盛的黄金时代。

明初以来，山西、陕西、安徽等地的商人进入两淮特别是扬州之后，为了方便从事盐业贸易，他们迁居入籍，安营扎寨。万历年间纲盐法实施后，他们中的一些人名列纲册，进而向垄断商人发展，成为有名的扬州盐商集团的主干。为团结同乡商人，各地商帮通过会馆活动，凝聚人心。如移居扬州的山西蒲州盐商，于嘉靖年间在扬州城中建起一座关壮缪侯庙，每年阴历五月十三日，必定举行盛大的祭祀活动。今天扬州老城区国庆路与广陵路交叉的东北侧有一小巷名"三义阁"，据说是由山西盐商修建祭祀刘备、关羽和张飞之庙而得名的。而他们的后代也在重金聘请的名师指导下，参加科举考试，成绩斐然。据《嘉庆两淮盐法志》统计，明代两淮考中进士、举人的比例分别为106∶31 和 213∶73，外籍盐商子弟大大超过扬州本地学子，《万历扬州府志》则说："土著（扬州本地人）较游寓（外籍盐商子弟）二十之一。"在这些进士当中，还有几位是明朝中央政府之中影响较大的重要人物，如历任扬州知府、吏部尚书，时谣称为"两京十二部，独有一王恕"的王恕；官至工部尚书、时称"名臣"的温纯；官至刑部尚书、屡屡上疏纠正时弊的李世达等。

因此，我们应该记住袁世振这个久被尘封的名字，他官任扬州、创新盐法，造福扬州、泽被后世。作为明代最为重要的理财家之一，在他经营两淮盐政的四年期间，共计资助饷饷、纳交太仓的款银达四百多万两，因此受到了神宗降敕嘉奖。但后来袁世振因为宦官嫉妒，于天启年间愤然辞官归蕲州（今湖北省蕲春县）老家。思宗即位之后，再度起用袁世振任扬州海防副使，可惜未及赴职即卒，错过了与扬州再度结缘的机会。但因为在扬州开始推行纲运之法，所以他曾将相关情况著成的《两淮盐政编》、《盐法纲册》、《疏理略说》等流传至今。

袁世振实施纲盐法，给扬州盐商带来了极大的利益，"有功德于淮扬"，

"盐策起家"的徽商特别是歙县长龄郑氏家族,尤其对袁世振尊重有加、感恩不已。后来,袁世振遭"谗人以多赃中之,系狱广陵",就是依靠被众盐商推为"盐策祭酒"(地位相当于清代的总商,扮演着商人和官方之间的中介角色,是名副其实的盐商领袖)的郑之彦"首倡义,三日内代上数千金,袁公竟有完誉"。

作为大规模进入两淮盐业的徽州商人之一,郑之彦的父亲郑景濂于万历二年(1574)在积攒了若干资金后来到扬州从事盐业,郑景濂凭借自己的聪明才智在后来的众商激烈的竞争中胜出,逐渐成为一位拥有相当身价的大盐商。而郑之彦的次子郑元勋虽出身盐业世家,但"左手醝盐,右手执笔",豪爽侠义,俊逸风雅,能写会画,著有诗集《媚幽阁文娱》,"博学能文,倜傥抱大略,名重海内",并于崇祯十六年(1643)考中进士。此前,郑元勋的别墅"影园"(遗址在今扬州荷花池公园内)里一枝黄牡丹开放,他于是在各地广泛征诗,经钱谦益品评,以镌有"黄牡丹状元"字样的两只黄金觥赠给第一名广州番禺的黎美周,一时传为盛事。

崇祯甲申年(1644),京师陷,郑元勋破产募乡勇,为守扬州。高杰屯兵扬州城外,其偏将杨成纵兵掠民,郑元勋因昔日有恩于高杰,于是以扬州官绅领袖身份出面调停。当他准备单骑赴营时,家僮拦马不让其行,郑元勋叱之曰:"如果我能让扬城百姓安宁,即使丧身又何足惜?"于是"身诣杰营,责以大义,杰颇感悟,为敛兵五里外,城西北得暂启城门以通薪"。郑元勋晓以大义,高杰被其感动,打算要诛杀杨成,并将数百张通商符券纳入郑公袖中。郑元勋回城途中,遇人则给符券,至半途而用完。后人得不到符券,又将"诛杨成"讹为"诛扬城(百姓)",便诬陷郑元勋通贼,郑元勋不幸被激怒的百姓误杀。郑元勋死后十日,史可法到扬州。经过调查,事情真相大白,史可法将为首的三人斩首,并为郑元勋白冤请恤。扬州百姓感念郑元勋的恩德,在影园之侧修建了郑公祠,用以祭奠、纪念。

明代后期,两淮盐区海盐生产取得了突破性的进展,那便是改煎盐为晒盐。《明史·食货志四》记载:"淮南之盐煎,淮北之盐晒",说明早在500年前,两淮海盐就有煎盐和晒盐两种生产技术。由于海势东迁,土壤淡化,产盐减少,迫使废灶兴垦,淮南的煎盐之法逐步被淘汰,代之以板晒制盐。晒盐改变了以柴草为能源的生产方式,代之以阳光、风力来蒸发制盐。其主要工序为:浇卤于板,晒板制盐,刮盐于箩,淋卤成盐。与此同时,淮北盐区,从砖池晒盐又发展到泥池结晶滩晒。今天属于盐城的东台市,乃是明清两代两淮盐区的重要盐场,在《嘉庆东台县志·艺文志》中,收录了一首作者为郭五常的七言古体诗《盐丁叹》。这首诗既可以让我们感受到当年两淮盐区盐民灶丁生活的痛苦和艰辛,又可以让我们从侧面了解到当时两淮盐区海盐生产技术的变化和提升:

> 煎盐苦,煎盐苦,濒海风霾恒弗雨。
>
> 斥卤茫茫草尽枯,灶底无柴空积卤。
>
> 借贷无门生计疏,十家村落逃亡五。
>
> 晒盐苦,晒盐苦,水涨潮翻波没股。
>
> 雪花点散不成珠,池面平铺尽泥土。
>
> 商执支牒吏敲门,私负公输竟何补?
>
> 儿女呜咽夜不炊,翁妪憔悴衣蓝缕。
>
> 古来水旱伤三农,谁知煎丁同此楚。
>
> 我欲长歌大有年,深惭调燮无繇补。
>
> 且以仁煦摩,且以义鼓舞。
>
> 勿使心如墨,勿使政如虎!
>
> 中和一致雨旸时,煎晒应无当日苦。

诗中既提到了明代继承宋元旧法的煎盐法,也提到了明代末年才在两淮盐区渐渐开始的晒盐法,这两种制盐方法同时并存的情况,可以让我们推断出作者生活的年代应该是明末清初时期。

晒盐法的发明是制盐技术史上的一大进步,它肇始于处于边缘地位的福建盐区。到明中后期,晒盐法因其经济、实用、高效的特点而被推广到诸多盐区,以扬州为中心的两淮盐区虽处于核心地位,为什么却直到明末清初才逐渐吸收这一先进的新技术? 答案一是因为煎盐法是和利于政府严密控制盐业生产的"团煎法"、"火伏法"、"簿历法"等措施相配套的,处于核心地位的两淮盐区因受政府政策的钳制,故其在管理及经营模式上体现出被动性和教条性;二是晒盐法对明代盐业体制起着分化作用,加剧了余盐、私盐问题。

事实上,晒盐较煎盐而言,生产工序简化,成本降低,产量大又省工时,经济价值十分明显。据《盐官志》记载:"凡潮汐,上半月以十三日为起水,至十八日止;下半月二十七日为起水,初二日止。潮各以此六日,大满以后,潮势日减。"又根据盐场与海水相距的远近,分为上、中、下三场,"先晒上场,次晒中场,最后下场。故上(场)、中(场)每月得晒二场,下(场)仅得其一也。"

滩晒亦有多种制卤方式:或掘滩晒盐,或纳潮晒盐,二者取卤方式不同,但晒盐工艺无异。盐区海潮濒繁涨落,滞留海水,蒸发浓缩,渗入地下,日久,卤水储量增大,盐民则在近海滩地掘井取卤,十分便利。纳潮制卤则须整地开沟,引纳潮水,卤水饱和后方能灌池结晶。这种完全利用太阳光制盐的工艺,已经最终脱离了传统的煎盐技术,从而发展成为一种独立的盐业生产方法。当两淮盐区的盐民灶户和盐商们发现了这些益处,晒盐技术便迅速在两淮盐区广泛推广应用,奠定了明清两代两淮之盐在我国盐业生产中的重要地位。当时,淮南的晒盐以小型专池滩晒为主,通常以砖砌结晶池晒盐,四周有泥池。纳潮后,从头道、二道直至九道池,用以蒸发成卤,每一砖池旁有一卤井("溜井"),再将卤水引入砖池摊晒、结晶成盐。春秋需两日,冬季需三四日,夏季则早晚成盐。

两淮之盐向以色白、味美、质优著称于世。明代,常以色、味两项来考察食盐的质量。据《嘉庆两淮盐法志》记载:"淮南之盐熬于盘,其形散","淮盐之色三:曰青,曰白,曰黄。青、白者,盐之正色也","盐味之厚者曰咸醝,淮南之盐其味咸",因此,明孝陵神宫监需盐祭祀,每年用盐五千斤;皇宫中光禄寺、奉先殿、内宫监每年用六万斤。以上统称"贡盐"或"皇盐",均需上好的青盐、白盐。淮南盐场所产青、白盐都在轮流的行列。

《天工开物》书影

明朝科学家宋应星在充分调查研究农业和手工业方面的技术后,将之整理成文,并于崇祯十年(1637)刊印的《天工开物》一书,是中国古代一部综合性的科学技术著作,被外国学者称为"中国十七世纪的工艺百科全书"。书中两处提到了与扬州盐业生产、运输有关的文字,其中之一便是晒盐法生产的"大晒盐"——"又淮场地面有日晒自然生霜如马牙者,谓之大晒盐。不由煎炼,扫起即食"。

而另一处则是"江汉课船"。这种本来是用于从扬州瓜洲、仪征到长江中游间运送盐引课银(即盐税)的船只也被宋应星记入了书中。在《天工开物·舟车》中,他写道:"江汉课船,身甚狭小而长,上列十余仓。每仓容止一人卧息,首尾共桨六把,小桅篷一座。"江汉课船在一昼夜间顺水可行四百多里、逆水可行一百多里,因其快速,往来扬州、南京等地的商人也常常乘坐,其后竟渐渐变成了客货两用船。

在本书第三章第三节,我们曾提到过在元代扬州建立的都转运盐使司衙门,其实,沿运盐使司衙门南大门向西不过几百米之遥,还有一处俗称"文昌楼"的著名明代建筑——文昌阁。今天看来,此阁并不高大,但在当年,它却是扬州城里的最有特色的传统建筑——不同于一般的是,它是树立在水面、桥上的一座高大的木制楼阁。

万历十三年(1585),时任两淮巡盐御史的蔡时鼎在旧城内市河(即汶河,

夜晚中的文昌阁

新中国成立后填平为今天的汶河路）西侧扬州府学旁的文津桥上建起了一座巍峨的高阁。阁上悬有"邗上文枢"匾额，祭祀文昌帝君，寓昌明儒学文化之意，因此名为"文昌阁"。文昌阁外形与北京天坛祈年殿相仿，为八角三级砖木结构建筑，三层重檐呈圆形。底层外砌砖墙，四面开拱门。二层、三层四周设窗栏槅扇，均可输转开关。顶为圆形攒尖式，上盖筒瓦。10 年后，此阁不幸被火所焚。万历二十四年（1596），江都县知县张宁发起重建，规模更为宏伟。现存建筑是清代遗物。

　　文昌阁下原有河道汶河，可通瘦西湖。从这张日军上海派遣军川边部队丸山辉队成员小野正男拍摄的老照片和《画笔春秋·扬州名图》中查找到民国初期来扬写生的欧洲

日本老兵镜头中的汶河

温思考特汶河蜡笔画

画家温思考特所画的汶河蜡笔画上，我们都可以看到当年文津桥上文昌阁的胜景。1952年，因汶河水道长年淤积，无法通船运物，于是填河筑路——文津桥被埋于地下，文昌阁则立于广场地面之上。

现在，文昌阁已成为扬州地标性的建筑，并且因此又在今天出现了一条路名与之匹配的、"唐宋元明清，从古看到今"的、横贯新旧城东西的城市主干道——文昌东路、文昌中路、文昌西路——扬州城里最美丽、最繁华的十里长街，而周边也因此形成了商业经济迅速发展、年销售额近30亿人民币的"文昌商圈"。

不知人们现在每次经过文昌阁时，是否还会记起，当初正是一位治盐的官员于400多年前在扬州树起了这座之后被当作扬州文化昌盛、经济繁荣、人民富强象征的丰碑？

1990年，时任中共中央总书记的江泽民在接见台湾"统联"访问团时深情地说：

"在扬州城外梅花岭，有民族英雄史可法的衣冠冢，冢前有一副对联，叫做'数点梅花亡国泪，二分明月故臣心'，就能激发人的民族自尊心和爱国热情。"

的确，这副对联是用来歌颂带领扬州人民英勇抗击清军的明末民族英雄史可法的。但是，这副对联也同样可以献给另一位民族英雄，因为他与史可法同时在扬州就义，因为他还是一位不一般的民族英雄，他是明代驻守扬州的最后一位两淮盐运使——杨时熙。

杨时熙，浙江台州临海人，明末崇祯年间任两淮盐运使。南明弘光元年（1644），清兵入关，大举南下，军事紧急，正在扬州督战的兵部尚书史可法看其才华出众，便上书奏请朝廷让杨时熙继续协助自己守卫扬州。次年四月，扬州西北城被清兵攻破，史可法就义于南城门楼，在城东守城的盐运使杨时熙知

梅花岭下的史可法纪念馆

事情无法改变，便自缢于城楼之上，怒视清兵而死。其子杨廷栋，省亲至扬州，也从父殉国。战争结束后，史可法嗣子、副将史德威将他生前穿戴的衣冠，杨时熙老仆杨标将杨氏父子的遗体，一同埋葬在扬州梅花岭下。

　　乾隆年间，朝廷为了化解满汉矛盾，对宁死不屈、凛然民族大节的明代旧臣，一一予以肯定和追封，在追赐史可法谥"忠正"的同时，追赐杨时熙谥"节愍"。现在，浙江台州巾子山上还有一座杨节愍公祠，是民国八年（1919）时后人为纪念杨时熙而修建的。当时，有一幅杨时熙的遗像原藏于扬州盐运使司景贤楼，时间长了竟被误传为董仲舒像，后经有识者辨正。杨氏后人、辛亥革命光复军

杨时熙像

参谋长杨镇毅,历经曲折,从扬州迎回杨时熙的遗像,并将其悬挂于杨节愍公祠中。民国诗人褚传诰的《谒杨节愍公祠》诗作,深情赞颂了杨家父子爱国忠君的壮举:

> 淮台四面哭陴兵,无复相持阁部营。
>
> 一剑臧洪同日死,双忠许远万年名。
>
> 江都假座留朱绂,梅岭分香到赤城。
>
> 犹见荩臣遗物在,如公真不负皇明。

正如诗中所说,两淮盐运使杨时熙与其他民族英雄一道,必将为扬州百姓牢记心中、永远缅怀,也必将万世留芳、永垂史册。

清军攻入扬州城后,因痛恨扬州百姓的反抗,纵兵屠杀,十日封刀,死者数十万人,史称"扬州十日"。遭此浩劫,扬州城顿时成为废墟,扬州盐业经济瞬间降到了冰点。整个明代的扬州盐业发展竟像是在用三百多年画了一个圆圈之后回到原点——开始于元末盐民起义后的最低点,又结束于明末被清军屠城十日后的最低点。

今天,在古城扬州的大街小巷中,我们依然还能触摸到当年盐司衙门的种种旧物,仍旧还能找寻到当年扬州盐商们的处处旧迹。而且,只要我们使劲抽抽鼻子,似乎还能闻到当年因运销食盐而遗留在空气中的丝丝咸味……

第五章 动关国计 巅峰衰败

——清代的扬州盐业

"扬州十日"之后，扬州盐业与城市发展同步降到了衰竭的冰点。清政府对两淮盐业实施整顿，使得扬州盐业迅速得到恢复并发展。扬州盐商积累了令皇帝都感叹"富哉商乎，朕不及也"的巨额财富，他们扶持文化、提倡教育、热心公益事业，倡导奢侈性消费。但到了嘉庆、道光之际，两淮盐务弊端日趋严重，引发了陶澍"废纲为票"的"票盐制"改革。扬州盐商在盛极之时最终彻底衰落，扬州盐业的地位和影响不再。

第一节　扬州盐商与皇家的关系
——清代乾隆之前的扬州盐业（上）

　　清代开国之时,疆域辽阔,国势强盛,食盐产地也从原来的内地扩大到边疆地区的蒙古、新疆。清代盐政,承袭明末纲法,实行民制、商收、商运、商销的商专卖制(亦称为"官督商销制")。《清史稿·食货志》称,盐课"居赋税之半",也就是说,盐利收入依然是封建政权最重要的财源,包括两淮盐区在内的内地十一个盐区,"尤有裨国计"。以扬州为中心的两淮盐区由于明末清初战乱频繁,满目疮痍,市容萧条,盐民人口锐减,盐商逃散破产,盐业遭受了沉重的打击。尤其是受到"扬州十日"的致命重创,扬州盐业经济直线衰落。

　　但是,由于扬州在两淮盐业中的特殊地位,特别是两淮盐区乃全国最大的产盐地区,淮盐质高味美,销售区域广、利润高,所以仍然能够吸引许多外地商人来此经营盐业。从顺治二年(1645)起,清政府对两淮盐政实施整顿,并沿袭明代旧制在扬州设立两淮巡盐御史(或称盐课监察御史、盐政监察御史,乾隆后简称"盐政"),巡视两淮盐课,统辖江南、江西、湖广、河南各省、州、府、县额定引盐的销售,监督户部所属运司、分司、场灶的生产运输管理,查缉私盐。旨在加强盐政管理,尽快恢复盐业生产和运销,以增加盐税收入,支持朝廷稳固政权。巡盐御史衙门又名盐漕察院(简称"盐院"、"使院"),设于两处,一处在扬州府城内,一处在仪征城南。

　　提到盐院,人们往往特别容易把它和两淮盐运使衙门混同起来。前文提到,在今天扬州老城区内东圈门西侧的一座古建筑,那是两淮盐运使司衙门的旧址。盐运使掌管的是盐的产销、转运;而巡盐御史之所以又被称作"盐道"、"盐课",就是因为他掌管的是盐税收缴。运司管盐运,盐院掌盐税,它们之间业务上虽有联系,但职能却迥然有别。到20世纪90年代初

天宁寺

扬州老城区中还存有一处盐院遗址,在今天汶河路与文昌中路交汇处东北侧、"皇宫"广场的洋快餐店附近,可惜因为兴建商业区而被彻底毁灭了——而那里不仅是清代扬州盐业历史的重要遗存,还可以因此联结起扬州盐业与中国四大名著之一的《红楼梦》,以及与清代历史文化中许许多多重要的人和事之间的密切关系。

扬州"皇宫"的得名与康熙南巡、乾隆六下江南有关。他们每次都会视察两淮盐务,驻跸扬州,行宫常设于高旻寺、天宁寺等寺庙和两淮巡盐御史衙门之内,皇帝曾居住过的地方因而被扬州百姓称为"皇宫"。

当时,《红楼梦》作者曹雪芹的祖父、康熙四十二年(1703)起与其妻兄李煦隔年轮流担任两淮巡盐御史的曹寅,更因为其母是康熙的保姆(一说为奶妈)、自己曾做过康熙伴读和御前侍卫,与康熙关系非同一般,而一生两任织造,四视淮盐,任内连续四次承办康熙南巡接驾大典,这种"烈火烹油、鲜花着锦"的鼎盛家族史,正是曹雪芹后来创作《红楼梦》的基本背景和丰富素材。甚至有红学专家考证出,书中林黛玉的父亲、贾宝玉的姑父

林黛玉绣像

林如海，其原型人物就是李煦。的确，《红楼梦》中多次出现："闻得今岁盐政点的是林如海"、林如海"今钦点出为巡盐御史"，称林黛玉是"盐课林老爷的小姐"、"扬州来的小姐"，而且，书中还有数个人物、多条线索与扬州盐业有着千丝万缕的联系。

然而，就在曹寅在扬州接驾看似繁华异常的背后，其实已潜伏着重重危机。由于一切均须按照皇家规定、制度操作，日用排场讲究，应酬送礼繁多，在经济上给曹寅造成了巨额亏空，也给曹家种下了衰败的祸根。康熙四十八年十二月（1709），两江总督噶礼参奏曹寅，向康熙密报说，曹寅和他的妻兄李煦亏欠两淮盐课银达三百万两，请求公开弹劾他。康熙把曹寅看成是"家人"，当然不会批准。但事关重大，康熙又不得不私下悄悄要求曹寅和李煦设法补上亏空。曹寅于康熙五十一年七月（1712）病逝于扬州之后，李煦上奏折说：曹寅弥留之际，核算出亏空库银二十三万两，但他已经没有资产可以补上了。事实上，经康熙五十四年（1715）核查，共查出曹寅生前亏空织造库银三十七万三千两。康熙为保全曹家的江南家产，在曹寅逝后又任命曹寅之子曹颙继任江宁织造；两年后曹颙病故，康熙又亲自主持将曹寅的侄子曹頫过继过来，接任了江宁织造的职务。同时康熙还让曹寅的妻兄、苏州织造李煦代管两淮盐政一年，与两淮盐政李陈常一起操持盐政事务，直到康熙五十六年（1717），总算才把这笔欠账补齐。

说起曹寅在扬州两淮巡盐御史任上的亏空，绝大多数都是为了服务皇家

《全唐诗》书影

奢侈性消费而产生的。当然,也还有一些是为了支持和帮助文化事业的传承和发展的费用,奉旨校刻《全唐诗》就是其中重要的一项。

康熙四十四年(1705)三月,时任江宁织造、通政使司通政使、兼任两淮巡盐御史的曹寅,在扬州创办了一个大规模的编校出版机构"扬州诗局",其目的就是按康熙皇帝的要求校刻《全唐诗》。当时,扬州诗局就设在今天的天宁寺里面——因为天宁寺内设有巡盐御史的行署,属于两淮巡盐御史的房产,便于管理。到康熙四十五年十月,共900卷、9000多页、收录唐及五代诗作近5万首的《全唐诗》"书成,谨装潢成帙,进呈圣览",前后只用了一年多的时间,速度之快、刊刻之美、校勘之严、印刷之精,堪称雕版印刷典范之作,这些都令

雕版印刷的工艺流程

康熙喜出望外,从此对曹寅愈加赏识。同时,曹寅在扬州校刊《全唐诗》,也创造了中国古代雕版印刷上以"软字精校精刻"见长的"康版"风格,字体秀润,行格疏朗,赏心悦目。这也成为康乾时期独特的文化标志,影响深远。此外,曹寅还以两淮巡盐御史的身份在扬州主持刊刻了类书《佩文韵府》,可惜直至病逝,未能完工。曹寅逝后,由继任两淮巡盐御史的李煦继续完成。今天,当你捧读这样的书籍时,是否也能嗅到从书香之中散发出的淡淡的扬州盐业文化的味道呢?

后来,正是因为有了祖父曹寅、舅公李煦在扬州数任两淮巡盐御史的经历,曹雪芹才可能有机会广泛接触两淮盐业,才有可能在《红楼梦》中那么详细准确、生动形象地描绘出扬州姑娘林黛玉以及许多与两淮盐业相关的人物、故事,真实地还原了当年在扬州发生过的种种历史场景。

清初时期,边疆稳固,防兵无多,所以无需像明初那样实施"开中法"而让边商纳粮中盐,全国绝大多数盐区都推行袁世振在扬州开创的"纲盐法"这种专商世袭卖引之法。纲盐法的特点是商收商运,省去了官收的环节,而加强了官府的监督管理,因而常常被称为"官督商销"。行销纲盐之处称为"纲岸"、"纲地";运销纲盐的商人称为"纲商"。以扬州为中心形成的扬州盐商(或称"两淮盐商")群体,也因为纲盐法的深入实施而进一步分工细化,出现了就场收盐的"场商"和领引办课的"运商"(又被称为"引商"、"岸商"、"埠商",运商派驻扬州者称"扬商")。

为促进两淮盐业的发展,达到保证朝廷财赋收入之目的,清朝初期政府对两淮之盐的产、供、销等环节中的各个方面,都采取有力的措施予以政策保护。如在生产方面,采取招徕、优抚盐民灶户,修复盐场设备等措施;在运销方面,则采取了招商、惠商、恤商和加强"疏销"的政策,使得两淮盐产量迅速有了很大的增加——从而使两淮盐区重登全国盐业中心的宝座,两淮盐产量再回全国之首。据《(清)户部盐法定例》记载,康熙二十四年(1685)曾对全国各地盐区岁额、课税等进行统计分析,其中岁额最高的是两淮盐,达到162.2万引,占全国总量的三分之一以上(37.11%);课银最高的还是两淮盐,达到

203.9 万两,超过全国总数的一半以上(52.52%)。

也正是自康熙时期起,两淮盐业逐步迈入鼎盛时期,两淮盐场尤其是淮北盐场产量大增,经由扬州的盐运销量极大,扬州盐商因此在这一阶段积累了巨额财富。当时便有人说:"淮商资本之充实者,以千万计,其次亦以数百万计"(《淮鹾备要》卷7),《清朝野史大观》则说:"乾嘉间,扬州盐商豪侈甲天下,百万以下者,谓之小商。"

两淮盐场自顺治十七年(1660)起经两淮巡盐御史李赞元奏准设立"公垣"(即盐仓),由盐场官吏负责开关并监督交易,"灶户煎盐而售之垣商,垣商售之运商"(《两淮盐法志》卷144)。凡盐民灶户所产之盐,都要堆积在垣中卖给场商,如藏于私室或垣外,则以私盐论处。所以"场商"有时又被称为"垣商"。

但事实上,"场商"与"垣商"的意思并不完全相同。"垣"在字面上的意思是指仓库或专用的场地,如果不是由灶户与场商共同拥有,就是由政府建立的。旅美著名史学家何炳棣在《扬州盐商:十八世纪中国商业资本的研究》一文中,特别予以辨正和澄清:"事实上,一个或两个小场只有一个垣,场商和垣商似是同样的人。然而,大部分的场有很多垣,而且大场在十八世纪有多达132个。这是为什么曾帮助陶澍在道光十年改革盐政的名史家魏源将场商视为大资本家,把垣商视为和灶户均分利益的小规模商人。"

在公垣中出现的盐商,除了场商,还有运商。运商赴盐场领引起运,也必须在垣中"买筑打包",防止场私走漏。运商赴"公垣"购盐,必须持有盐引,而盐引的取得,须以巨资购买"引窝",或称"窝根"、"根窝"、"窝底"、"窝单",即购盐引证书。盐引一年一换,引窝则是永久性的,可以传之子孙。也就是说,拥有引窝的盐商,可以长期垄断食盐销售市场。

运商又有"总商"(又称"商总")、"散商"之分。散商即个体的中小盐商,总商是散商的首领。清初盐法规定,每年于前纲第三季承办新纲引数,将花名报盐运使司衙门。每年开纲前,"各商将自己根窝及拨引他商窝年花名引数,愿附某总商名下,听其自向总商取具保结,开报运司,发收支房核算,符合一纲额引,攒造滚总清册二本呈院"。这就是所谓的"滚总"制度。康熙十六年(1677),两淮巡盐御史郝浴,在众商中挑选出24名资金充足、政治势力强大的盐商为总商。从此,官府将"一切领引纳课"事务,均责成总商。因此,总商除垄断江苏及扬子四岸盐业运销市场外,负责管理散商的一切经营活动,监督检查散商课税缴纳情况,还负责与盐政衙门上下联络,参与政府对有关盐业政策的制订。其他盐商要购买盐引,须将自己的名字及购买引数,附于某总商名下,总商汇集各散商的花名、引数,送盐政衙门,领取盐引,然后发给各散商,并代政府向各散商征收盐课。凡未加入商籍、无窝单的盐商,要花高价(每引银1—2两)向有窝单的运商租用窝单,称之为"租商";凡未租用窝单而代租商行盐的,称之为"代商"。

清代继承前代行盐方法,盐商们运盐行销有其规定区域、规定程序。据《地图》杂志2006年第2期载:"美国国会图书馆藏有一幅地图,与两淮盐政的管理有关,虽图名未注,但根据图中文字以及所标示的各运盐口岸、关卡、河道等要素,可取名为'两淮产盐及行盐四省图'。⋯⋯区域包括清朝的湖广、江南、江西和河南四省。"按照《嘉庆两淮盐法志·行盐总略》记载,主要有纳纸朱、滚总、开征、请单、捆重、过坝、搭报结报、放引、过桥、呈纲造马、所掣、解捆、纳对斤和临江大掣等十五道手续。

关于清朝食盐专卖引岸制度,李明明、吴慧合著的《中国盐法史》中论述甚为精辟,兹转录如下:

　　盐商纳课请引,盐运司填给"照单",按单放引。盐商再持单至盐场购盐,然后经由批验所由所官验对单、引盐数,给发"水程"。商人遂可运盐赴自己之销岸。运输途中,经过关津,照例盘查,运抵州县,仍由地方官验明引目、水程,核对盐斤数目相符,盐商才可发卖。食盐销尽,盐引照例交回地方官,由地方官连同水程在十天之内交回运司,盐课则由运司解部。食盐从盐场运至州县,盐引、验单用四角法,出司之日截出一角,称为"平字角",到盐场配盐后截去第二角"上字角",批验所验掣无弊后截去第三角"去字角",运抵州县再由地方官截去第四角"入字角"。

盐引自宋代出现到实施纲盐法之前,原本是作为一种交易证券,但到了明代后期,尤其是进入清代,盐引的性质已发生变化,成为一种运盐的执照——行盐地界(即"引岸")也刊于盐引之上,各岸盐引不许互相移易、侵越,违者按律处罚。由于盐引的广泛使用,"引"的名目繁多。由户部颁发、按年分纲造册奏销的正额盐引称为"纲引",或称"正引"、"额引"。岁额正引之外,两淮盐区按户派食的盐引,称为"食引"(行盐之地称为"食岸")。而原来实行票盐法地区改行盐引称为"票引",边远地区派销的盐引称为"边引";而根据运输方式的不同,四川一带的水运、陆运分别被称为"水引"、"陆引",福建一带由溪运、挑运又分别被称为"篷引"、"担引"。

盐商还要向盐院缴纳盐税。清代盐税也称"盐课"。盐课分"引课"、"灶课","引课"中又有"正项"、"杂项"之分。康熙年间实行"摊丁入地",将灶户应缴代役丁银(人头税)并入地租征收,固定税额,以荡地面积为征收对象。两淮盐区的征收款目有"折价银"、"沙荡银"、"仓基银"、"水乡银"等,竟达50余种。顺治元年(1644),两淮盐税收入占全国盐税总数的62%,顺治十年(1653)占56.3%。到了康熙十八年(1679),两淮盐税征收额比顺治十年增加了100万两,比顺治十四年(1657)增加88.9万两,比顺治十五年(1658)增加89.3万两——所有这些费用,都是从盐民灶户和盐商的手中剥夺而来的。

此外,扬州盐商们还要向官府上缴名目繁多的"浮费"。捆盐出场后,有引费、和费、捆费,另有监掣、监仓、传旗、叫牌、填封、发封、催掣、摆帮等浮费;在运盐途中,地方官员借故盘查、勒索;在行盐口岸中有的借端收费,有的以向商人借贷为名行勒索之实。官吏巧取豪夺,滥征私派,凡此种种,不一而足。康熙九年(1670),两淮巡盐御史席特纳、徐旭龄将之总结为扬州盐商的"六大苦"、"三大弊",后来两江总督阿山又据此列举出扬州盐商额外缴纳的"浮费十三种",指出其"实为淮商切骨隐痛"。于此,我们也不难看出扬州盐商行商的艰辛,了解到他们在资本积累的过程中所经受的种种来自政府、官吏等方面的盘剥、压榨,真可谓"苛政猛于虎也"。

众所周知,靠盐业获取暴利的扬州盐商,从群体上来看,他们大多过着华衣美食、豪宅大院、声色犬马的奢靡生活。清人黄惺庵的一首《望江南百调》云:"扬州好,侨寓半官场。购买园亭宾亦主,经营盐典仕而商。富贵不归乡。"但是,富可敌国的他们在炫耀性、奢侈性消费的同时,也或自愿、或被动地将他们的巨额财富用于城市建设、赈灾济困、社会福利等公益事业,用于兴建公学、资助文人、刊刻书籍等文化活动,特别是大量的徽商"贾而好儒"、"贾儒结合"、"贾为厚利,儒为名高",既是具有经商才能的商人,又是颇具文化特长的文人,对扬州学术的开创起到了举足轻重的作用,在有意无意之间成就了清代扬州城市文化历史性的高度振兴和超常繁荣,为后人留下了一笔不可多得的宝贵财富。

清朝初期,徽州商人汪应庚"自高祖以来,即事两淮鹾务,遂侨居于扬,肩承鹾业",他担任总商,乐善好施,以义行闻于扬州及乡里。《扬州画舫录》记载:"(汪应庚)居扬州,家素丰,好施与。如放赈施药、修文庙、资助贫生、赞襄婴育、激扬节烈、建造桥船、济行旅、拯覆溺之类,动以十数万计。"雍正年间的海啸之后,汪应庚在淮南设粥厂救济灾民,历时三个月之久;乾隆三年(1738),扬州发生旱灾,汪应庚捐出四万七千两白银,设立八个粥厂,赈济灾民历四个月;乾隆五年,扬州又遇水灾,汪应庚捐银六万两,救活数十万饥民。为表彰汪应庚连续地慷慨解囊、救助灾民,乾隆特赐予他光禄寺少卿衔。

汪应庚大力捐官学、助书院,被士人称为"汪项",更是在扬城传为美谈。据《光禄寺少卿汪公事实》记载:乾隆元年,(汪应庚)见江甘学宫"岁久倾颓,出五万余金亟为重建,辉煌轮奂,焕然为新。又以二千余金制祭祀乐器,无不周备。又以一万三千金购腴田一千五百亩,悉归诸学,以待岁修及助乡试资斧,且请永著为例"。

今天,我们仍然可以在扬州名胜古迹平山堂中找寻到汪应庚留下的痕迹。从雍正年间至乾隆元年,汪应庚先后出资重建平山堂,又增建西园芳圃、

书法名家蒋衡书写的"淮东第一观"

平远楼等,扩大了其规模。另外,他还聘请书法名家蒋衡书写了"淮东第一观"五个擘窠大字,并刻石嵌于山门外的墙壁之上,一直保留至今。随后,汪应庚又亲自编纂十卷本的《平山揽胜志》,以平山堂为中心,以雍正、乾隆年间扬州城北各景点为纲,分别收录了历代题咏各景点的诗词歌赋,并于乾隆七年(1742)刊印,成为目前所知刊刻年代最早的平山堂专志。

一位来自安徽歙县的商人,到扬州经营盐业并入籍扬州,汪应庚关心支持并亲自参与扬州当地文化事业的建设和发展,他不仅仅是修葺重建了一座平山堂,也不仅仅是编纂刻印了一本《平山揽胜志》,他是在和其他扬州盐商一道,用他们特殊的力量,为扬州文化的成长和发展做出特殊而巨大的贡献。

第二节　扬州盐商如何将扬州文化推向巅峰
——清代乾隆之前的扬州盐业(下)

雍正即位之初,吏治废弛,贪污腐败已然成风。他克服来自各个方面的阻力,在全国上下开展大规模的清查亏空工作。由于他态度决断,雷厉风行,清朝的财政状况在短时间内得到明显改善,官吏贪污、吏治腐败的状况都有了很大的转变,有"雍正一朝,无官不清"之赞誉。曹寅之后和李煦就是分别于雍正五年、雍正元年被查抄，一个全家被遣送北京崇文门居住；一个被判罪流放黑龙江，死在戍所。乾隆时曹家复遭大变，家道更是一蹶不振，曹雪芹因此过着"举家食粥酒常赊"的生活，并在如此困境中开始了"披阅十载，增删五次"的《红楼梦》的创作。

在清理盐政方面，雍正时期，朝廷通过发放帑银赈灾、以商银建盐义仓放粮等形式优恤盐民灶户，并以淮盐每引加斤五十、免纳课银等方式宽待扬州盐商；同时，官府允许将食盐改拨到纲地行销不足地区，以"融销"、"代销"的方式达到"畅岸"的目的。故而两淮盐业在康熙时期增引、获利的基础上继续保持持续发展的良好势头。

到了乾隆时期，继续采取"恤灶"、"恤商"政策，促使食盐的生产与流通有了进一步的发展，各地盐商纷纷回到扬州，而且又有更多的商人加入了扬州盐商的行列。他们销售"实觉疏畅"，生意日见兴旺。许多盐商从中发了大财，扬州盐商中，富者获利千万，少者也有百万。乾隆三十七年（1772）这一年，扬州盐引销售量为152万引，一引盐在盐场是0.64两白银，运到扬州后达到1.82两左右；从扬州运到东南苏、皖、赣、湘、浙等省，零售价达到10两左右。扬州盐商每年赚银1500万两以上，上交盐税600万两以上，占全国盐课60%左右。这一年，扬州人口达50万，居世界第六；扬州盐商提供的盐税占到了全世界经济总量的8%。由于销出盐引增长过快，额引不足，政府又动用"余引"作为接济，甚至还出现了预支下一年纲引的"提引"的情况，《清史稿·食货志》中记载有"两淮请豫提下纲之引，岁入至五六百万"。这种前所未有的盛况，标志着扬州盐业达到了全盛时期！"两淮盐关甲天下"（张云璈《简松草堂文集》）、"两淮盐课甲天下"（李果《在亭丛稿》）、"淮南鱼盐甲天下"（李斗《扬州画舫录》）、"维扬盐铁天下都"（王槐《官船行》）等赞美之辞并不言过其实。

为行盐方便，盐商的居处、仓库多集中在新城沿运河一线，即今南河下、北河下、东关街一带。特别是南河下，一时间更成为扬州盐商的集聚中心，清初王渔洋的弟子宗元鼎在《游康山草堂记》中写道："外则邗关辐辏、竹西歌

康山草堂(录自《江南园林胜景》)

馆、青楼红粉之地;内则殷商巨族、高楼宅第、通衢夹道,阛阓市桥之处。"这一时期,扬州淮盐运商经济实力最强、知名度最高的是两淮运商垄断资本集团的徽商江、汪、许、程、洪、黄、方、郑八大家,居于八大家之首的是总商头目江春(字鹤亭),旗号为"广达"。乾隆六次南巡路经扬州时,以江春为首的两淮总商负责迎送。盐商们为了保住盐业专卖的特权,对皇帝可以说是费尽心思,大肆逢迎,不惜斥巨资在扬州修建行宫、园林。他们因此也受到乾隆许多恩赐,乾隆二十七年二月,皇帝颁旨曰:"此次南巡,所有两淮商众承办差务,皆能踊跃急公,宜沛特恩,以示奖励。其以加奉宸院卿衔之黄履暹、洪徵治、江春、吴禧祖,各加一级。已加按察使衔之徐士业、汪立德、王勋,俱著加奉宸院卿衔,李志勋、汪秉德、毕本恕、汪惫,著各加按察使衔。程徵桀著赏给六品职衔。"《歙县志》中《江春传》记载:"自锡加级外,拜恩优渥,不可殚述。曾赏借帑金三十万两,为盐商之冠,时谓'以布衣上交天子'。"帑金,俗说就是皇帝借给盐商的本钱,获利还在其次,重要的是皇帝给的面子。乾隆最后三次下江南时,两次前往江春家的康山草堂,并写下《游康山即事二首》、《游康山》等诗。后来,回到京城的乾隆举办千叟宴时,特邀江春兄弟赴宴,并赐予手杖以示恩宠有加。

康山草堂相传为明代状元康海(又名康对山)读书处,康海擅长弹唱,工戏剧散曲,著有杂剧《中山狼》等,此地因此名声大振,称为"康山"。董其昌游此,为之题"康山草堂",后乾隆又重新题写匾额。今天,扬州老城区徐凝门路与古运河之间的康山街,正以康山草堂为主要背景修建起康山文化园区,特别是将整修后的扬州盐商旧宅大院布置成扬州水文化博物馆和淮扬菜博物馆,既是对原貌的修复,更是对扬州文化的传承和发扬,使之成为集文化、休闲、展示和旅游于一体的新景观。

说到园林,清代扬州盐商们逞强比富、大兴土木,各竞巧思、广置宅园,他们把北京、苏州、杭州、南京等地的风景名胜荟萃一处,建造起一座座风格独特的园亭、别墅,形成了扬州盐商私家园林集北雄南秀于一体、兼容并包的集粹型特色,因此有"杭州以湖山胜,苏州以市肆胜,扬州以园亭胜。三者鼎峙,不可轩轾"之说,出现了"两堤花柳全依水,一路楼台直到山"的空前盛景。

当时,大盐商黄履晟、黄履暹、黄履灵、黄履昊兄弟四人,个个家资千万,人称"黄氏四元宝"。兄弟四人中,大哥造"易园",老二造"十间房花园"、"四桥烟雨"和"水云胜概",老四造"容园",另老六黄履昂造"别圃",两个子侄辈又分别造了"长堤春柳"和"桃花坞"。这些园林座座非同凡响,其中四桥烟雨、水云胜概、长堤春柳三处曾入选扬州二十四景。乾隆皇帝更是对"四桥烟雨"情有独钟,多次移驾游赏,并赐名"趣园"。

相传为清初大画家石涛叠石为山的寿芝园,后来归两淮大盐商"扬州二马"马曰琯、马曰璐所有,名之为街南书屋十二景,其中尤以小玲珑山馆最为著名(之后又成为盐商黄至筠的私家园林,并名之为"个园"——那是后话,下一节将作详细介绍)。马氏兄弟热情好客,"四方名士过邗上者,必造庐相访,缟纻之投,杯酒之款,殆无虚日"。同时,他们慷慨解囊,修建梅花书院,

资助穷苦文人,全祖望、陈撰、厉鹗、金农、陈章、姚世钰等皆曾馆其家,留下了许多佳话。袁枚曾在他的诗中歌颂马氏兄弟道:

> 山馆玲珑水石清,邗江此处最有名。
> 横陈图史常千架,供养文人过一生。

马氏兄弟还与扬州本地人士和客卿寓贤结邗江吟社,常常诗文唱和,《扬州画舫录》中记载道:"扬州诗文之会,以马氏小玲珑山馆、程氏篠园及郑氏休园为最盛。至会期,于园中各设一案,上置笔二,墨一,端研一,水注一,笺纸四,诗韵一,茶壶一,碗一,果盒、茶食盒各一。诗成即发刻,三日内尚可改易重刻,出日遍送城中矣。每会酒殽俱极珍美,一日共诗成矣。"扬州盐商与文人学士的诗文之会盛况空前,乃至当时有"邗上时花二月中,商翁大半学诗翁"、"扬州满地是诗人"的说法。民国姜泣群所辑《虞初广志》卷 3 说:"扬郡以清高宗巡游之后,繁富甲东南,鹾商拥巨金者,每好延接知名士,博爱才名。"清人沈起凤《谐铎》卷 3 说:"适虹桥荷花盛开,鹾贾设宴园亭,招名士之客于扬者。"

马氏兄弟既有广博的学识,又有雄厚的经济实力,不仅富于藏书,建有丛书楼,而且精于刻书,雕工精、版式美,时人称之为"马版"。不少诗人、学者既是小玲珑山馆的座上宾,又是丛书楼的老读者,利用马氏的丰富藏书,完成了自己的学术著述。两淮盐运使卢见曾(号雅雨山人),爱才好士,慕曾任扬州太守的苏东坡当年诗酒风流而在两淮盐运使廨署中建起"苏亭"以为纪念。卢见曾雅好诗文,常向马氏借书,"因题其所寓楼为'借书楼'"。乾隆二十二年(1757)春,卢见曾在红桥举行修禊活动,"是年红桥修禊甚盛","和修禊韵者七千余人,编次得三百余卷"。盐官盐商,儒雅好学,文人雅集,一时传为佳话。后来,清政府着手编纂《四库全书》,深处皇宫内的乾隆也知扬州马家丛书楼藏书之丰,特谕两淮盐政李质颖派专人"向其家借出,缮录副本呈送",前后三次总共择取 776 种,专差呈送至四库全书馆。《四库全书》修成后,为了奖掖扬州盐商,乾隆下旨将续缮的三套《四库全书》中的一套送藏于扬州大观堂文汇阁。

此处特别要提一下的是著名的"两淮盐引案"。这是一起特大经济贪污案,为乾隆年间大案之一,而且,因此也呈现出两淮盐务的衰败之兆,为后来道光年间陶澍"废引改票"的盐法改革打下了伏笔。

乾隆三十三年(1768),新任盐政尤拔世查账,发现在他之前的二十年里,历年两淮盐运严重亏空,他的前任们私发、超发盐引,从中克扣、提留引银竟达一千多万两。乾隆大怒,下旨按律治罪。据《清朝野史大观》记载:由东阁大学士兼军机大臣刘统勋审案,刘将此案告诉刑部右侍郎王昶,目的与其同审,王昶将此事告诉了纪晓岚。纪晓岚得知万分着急,因为卢见曾与纪晓岚有亲戚关系,纪晓岚心想:"一旦卢见曾被查出必殃及儿女,弄不好自己也受连累,怎样让卢见曾早知这消息呢?"于是想出一点子,寄去一封信,信封里有一包茶、一包盐,信封上没有一字。卢见曾不解,嘴里便说着:茶、盐,"查盐",突然醒悟。于是卢见曾立即将家产全部转移,等到朝廷来查家产,查不出财宝。结果上奏朝廷,乾隆心想:"定有人走漏风声。"后来乾隆获知纪晓岚泄露查盐机密,虽有不悦,但又钦佩纪晓岚才智过人,于是将他从轻处罚,谪戍乌鲁木齐。

后来,扬州盐商还资助了不少著名的徽籍和扬籍的通人硕儒,如戴震、江藩、焦循、汪中、阮元、段玉裁父子、洪亮吉、孙星衍、刘文淇等等,对于"扬州学派"的形成居功至伟。可以说,"扬州学派"的重要人物几乎都与扬州盐商有着密切和非同一般的关系。比如说,戴震出身于徽州盐商家庭,曾在扬州就学于徽州盐商创办的梅花书院;阮元则为总商江春的甥孙,江氏三代业盐于扬州。阮元承继戴学,致力于金石学研究,其著作《积古斋钟鼎彝器款识》,所需的各类拓本资料560件,除部分取自友人所集外,大部分源自扬州盐商的收藏;江藩也是来自徽州的扬州盐商后裔,曾应阮元之邀至山阳(今楚州、宝应一带)主持丽正书院,其学术成就极高,以"朴学"名东南。在扬州,江藩与焦循同为学林推重,因两人分别号郑堂、里堂,时有"二堂"之称,又与黄谦牧、李滨石一起,号称"江、焦、黄、李"。因为扬州盐商的促进和推动,最终使乾隆、嘉庆时期成为中国传统学术文化发展的重要历史阶段,不仅官方史学繁荣鼎盛,私家历史考据也精深广博,在编纂史书、理论阐发、历史考据、文献整理等方面皆超越前代。

咸丰年间曾任两淮盐运使的金安清和欧阳兆熊合著的《水窗春呓》中,有"维扬胜地"条,记载了当时扬州园林的盛况:"扬州园林之胜,甲于天下。由于乾隆朝六次南巡,各盐商穷极物力以供宸赏。计自北门直抵平山,两岸数十里楼台相接,无一处重复。其尤妙者在虹桥迤西一转,小金山矗其南,五顶桥锁其中,而白塔一区雄伟古朴,往往夕阳返照,箫鼓灯船,如入汉宫图画。盖皆以重资广延名士为之创稿,一一布置使然也。"

文中"五顶桥"即今天的"五亭桥"。前面提到,康熙南巡负责接驾的是两淮巡盐御史曹寅;乾隆六下江南,同样是由两淮巡盐御史负责接驾,此时的两淮巡盐御史名叫高恒。也正是他为迎接乾隆南下,在今天的瘦西湖内修建起一座上置五亭、桥跨湖面的莲花桥,俗称其为"五亭桥"。此桥造型优美、构思巧妙,以一桥之上而矗立五亭,桥下又有券洞十五,且传说中秋之夜,每洞

五亭桥

皆含一月,为世间少有,早已作为扬州古城的标志性建筑而誉满全球。

白塔

而文中的"白塔",则让人联想起扬州至今还流传的扬州盐商"一夜造白塔"的故事。该故事出于《清朝野史大观》,说的是乾隆在瘦西湖中游览时,船到五亭桥畔,他随口说道:"这里倒很像京城的北海,只可惜差了一座白塔。"说者无意,听者有心。第二天,当乾隆再游瘦西湖时,只见五亭桥旁一座白塔巍然耸立,他大为震惊。身旁的太监连忙跪奏道:"这是盐商们为弥补圣上游湖之憾,连夜赶制而成的。"据说,这是江春用万金贿赂乾隆左右,请他们画出北海白塔之图,然后据此一夜之间用盐堆成的。乾隆因此感慨地说道:"盐商之财力伟哉!"民间故事不足为信,但事实是,这座白塔的确是两淮盐总江春于乾隆四十九年(1784)集资仿北京北海白塔建造的。

江春还是一位品位极高的戏曲鉴赏家,他酷爱戏曲,家中拥有两个私人戏班(称为"内班")春台班和德音班,常常"曲剧三四部,同日分亭馆宴客,客至以数百计"。他把各种名角聚在一起,又让不同声腔同台互补,使异军突起的徽班具有了博采众长的开放格局。乾隆五十五年(1790),为祝乾隆皇帝八十寿辰,在江春的组织安排之下,由"二黄耆宿"高朗亭领衔的扬州三庆班被征召赴北京演出,这是徽班进京之始。嘉庆年间,扬州四喜、和春、春台三个徽班先后进京演出,与早先进京的三庆班合称"四大徽班"。徽班进京,融合了秦腔汉调,为中国国粹艺术——京剧的形成奠定了基础。现在扬州城南的苏唱街,是扬州老城区惟一保存下来的与盐商戏班直接有关的街道。乾隆年间,盐商徐尚志从苏州招来昆腔艺人办起的扬州第一个昆腔戏班"老徐班",就在这条街上。当年,扬州作为全国戏曲中心之一,在盐商、盐官们共同推动下,"梨园演戏,高宗南巡时为最盛,而两淮盐务中尤为绝出。例蓄花、雅两部,以备演唱,雅部即昆腔,花部为京腔、秦腔、弋阳腔、梆子腔、罗罗腔、二簧调,统谓之乱弹班"(钱泳《履园丛话》)。

康熙、乾隆的南巡,进一步调动起扬州盐商竞相建造园林、别墅的积极性,从城市山林扩展到湖上园林,逐步形成了三条游览线路:一是便益门—广储门—天宁门—大虹桥—平山堂;一是禅智寺—香阜寺—高桥—迎恩桥—长春桥;一是大虹桥—花山涧—影园—九峰园—南湖—砚池。扬州盐商雄厚的财力,加上扬州工匠的智慧、技术,造就了"扬州园林甲天下"的美名,从此,扬州园林布局更趋系统、合理、完整,扬州园林因此也进入了黄金时代。

应该看到,扬州盐商虽然有着足够的财力用于自身的享受和经营,但开始时社会地位与声誉并不高,也难以得到社会的尊重。盐商为了确保个人成功与良好的社会声誉,常常采取兴办学校、结交文人、招致名士、收买字画、收藏古董、刊刻图书等种种文化活动来达此目的。这些文化活动在客观上推动了扬州文化事业的繁荣。其中,扬州盐商较大的贡献是修建和资助书院。乾隆初,汪应庚捐资五万金重修扬州府学,马氏兄弟出重金修著名的梅花书院。当时广储门外的梅花书院、三元坊的安定书院、府东的资政书院、府西的维扬书院和仪征的乐仪书院均靠盐商财力支撑。在扬州诸书院中,"其著者,有安定、梅花、广陵三书院"。《嘉庆重修扬州府志》说,"东南书院之盛,扬州得其三焉"。

在当时安定书院聘请的主讲之中,不乏著名的文人、名士,杭世骏便是其中特别的一位。这不仅因为他当年曾经以汉员身份再提满汉官员待遇不一的问题而激怒了乾隆,被开除公职赶回老家杭州;而且还因为他曾经以"惊心动魄,一字千金"的盛誉称赞了一位扬州本地 27 岁的学子汪中所写的一篇赋文《哀盐船文》。

乾隆三十五年(1770)十二月十九日,江苏仪征县盐船失火,火势之凶猛,致使百余船只、千余船民为大火所吞噬。其状之惨,令人目不忍睹。汪中于是以张弓扩弩之势、掷地金石之声,再现了当时烈焰腾空、群声嘶号、败缕飞扬的景况。于触目惊心之中,迸发出一股强烈的同情心和极度的哀伤。赋的第一段文字如下:

> 乾隆三十五年十二月乙卯,仪征盐船火。坏船百有三十,焚及溺死者千有四百。是时盐纲皆直达,东自泰州,西极于汉阳,转运半天下焉。惟仪征绾其口,列樯蔽空,束江而立,望之隐若城郭。一夕并命,郁为枯腊,烈烈厄运,可不悲邪!

这"冬天里的一把火",似乎也将扬州盐业的盛世烧去了一半,因为,随之而来的真的不是扬州盐业的春天,而是扬州盐业不断呈现出愈演愈烈的颓势。

康乾时期,继汪应庚、江春之后,扬州盐商中最为"干敏者",是总商鲍志道。他和另一位大盐商郑鉴元一道,倡导节俭,力戒奢华,鲍志道的妻子儿女"尚勤中馈箕帚之事,门不容车马,不演剧,淫巧之客,不留于宅",在他们的倡导之下,当时扬州社会的颓靡之风气,一度有所改变。而同一时期,扬州盐商中的巨富者还有"北安西亢"。

"北安"指的是安岐,他与其他扬州盐商最大的不同就在于,他不是中国人,而是高丽(今韩国)人。另外,安岐还有一段极具传奇色彩的经历记录在清人刘声木的《苌楚斋随笔·高丽安岐事迹》之中:"安岐,字仪周,号麓村,高丽人。从贡使如都,固得故相明珠家窖金钞本书。虽系隐话,细加研索,能尽得其数,与地址所在——地址即是俗称为'大观园'是也。乃求见明公子孙,告以窖藏所在,尽发之。用其金为母,往天津、淮南业盐,富甲天下。"意思是说,康熙时期权倾朝野的宰相明珠倒台前曾建造了一个大地窖,藏匿了大量金银财宝于其中,为了保密,使用密码开启的方法,而密码后来均被安岐破译。依靠这批巨额财富作为资本,安岐开始在天津、扬州一带运销食盐,并因此成为富甲天下的大盐商。今扬州东关街内有前、后安家巷,据说是当年安岐及家人的居所和贮盐的仓库。

"西亢"则是指山西亢氏家族，人称"亢百万"。他家究竟有多富，得用乾隆皇帝的话来作注解："朕向以为天下之富，无过薱商；今闻亢氏，则犹小巫之见大巫也！"清代文献学家马国翰在《竹如意》中这样记载道："山右亢某，家巨富，仓庾多至数千，人以'百万'呼之，恃富骄悖，好为狂言。时晋省大旱，郡县祈祷，人心惶惶。亢独施施然，对众扬言：'上有老苍天，下有亢百万；三年不下雨，陈粮有万石！'"亢氏曾在扬州城中小秦淮河畔建屋一百间，人称"百间房"，可惜今已毁圮不存。

富裕的扬州盐商们还热衷于附庸风雅，因而在扬州形成对艺术品的强大购买力。那时在扬州画坛上活跃着一批以卖画为生的职业画家，他们在生活态度、艺术观点、绘画风格上都有相通之处，因此形成了一个流派——扬州画派，后人似乎更习惯于把他们称为"扬州八怪"。但八个人的名字，说法不一。其中，常见的有罗聘、李方膺、李鱓、金农、黄慎、郑燮（号板桥）、高翔和汪士慎。此外，尚有高凤翰、华嵒、闵贞、边寿民等，说法很不统一。在中国绘画艺术发展史上，"扬州八怪"打破常规，推陈出新，树一代画风，占有重要地位。

扬州八怪纪念馆

扬州盐商在艺术上对扬州八怪有需求,扬州八怪在经济上对扬州盐商有依赖,这便构成了扬州八怪与扬州盐商之间特殊而默契的关系,并因此发生了许多有趣的故事。最有名的一是金农作诗为盐商解围,一是郑板桥被盐商所骗上当的故事。

一日,扬州某盐商在平山堂宴客,金农也在座。席间,以古人诗句"飞"、"红"作酒令。盐商苦思冥想之后吟出一句"柳絮飞来片片红"——柳絮是白的,怎么会是红的呢,因此一座哗然,笑其杜撰。金农不疾不徐地告诉大家,这是一首元代诗人吟咏平山堂的诗句,全诗为:

廿四桥边廿四风,凭栏犹忆旧江东。
夕阳返照桃花渡,柳絮飞来片片红。

事实上,这首诗根本不是什么元代人的诗句,而是金农为盐商解围而在宴会现场创作的。盐商大喜,第二天以千金馈赠金农。

而郑板桥受骗上当的故事则是发生在扬州某盐商久求郑板桥的书法不得,在打听到郑板桥喜食狗肉之后,故意在郑板桥出游必经之地设下圈套,指使一老头煮好一锅上好的狗肉坐等求字。毫无防备的郑板桥应邀大嚼狗肉,吃完之后,老头提出求字,吃了人家的嘴软,郑板桥不假思索,一挥而就。没想到的是,第二天,这个盐商在家设宴并公开展示郑板桥的书法,应邀前往的郑板桥见此,恍然大悟,知昨日那烹狗老头是这盐商安排的。发觉受骗上当,但此时的郑板桥也无可奈何了。

近代国学大师梁启超在《清代学术概论》中指出:"淮南盐商,既穷极奢欲,亦趋时尚,思自附于风雅;竞蓄书画图器,邀名士鉴定,洁亭舍丰馆谷以待。其时刻书之风甚盛……然固不能谓其于兹学之发达无助力;与南欧巨室豪贾之于文艺复兴,若合符契也。"梁启超认为,扬州盐商对于乾嘉时期清学全盛的贡献,与南欧巨室豪贾之于欧洲文艺复兴,可以相提并论。在"贾而好儒"的徽州绅商的提倡和影响下,扬州盐商大多风雅好客,喜招名士以自重,巨商大族均以延请文人学士为家中宾客为荣。于是扬州成为全国的文化中心之一,"文人寄迹,半于海内"。因此,梁启超总结道:"社会对于学者有相当之敬礼,学者恃其学足以自养,无忧饥寒,然后能有余裕从事更深的研究,而学乃日新焉。"即使在今天,此一观点对于文化、学术的建设和发展仍然有着极大的启迪意义。

第三节　陶澍"废纲为票"与扬州盐业衰败的关系
——清代嘉庆之后的扬州盐业(上)

从乾隆中叶之后,两淮盐务逐渐出现颓势;而到了嘉庆、道光之际,两淮盐务弊端日趋严重,几乎到了积重难返的程度。最为突出的表现就是盐价日趋昂贵、官盐滞销、私盐盛行、盐课短绌、盐商资本消乏——扬州盐业因此也在这一时期走向了衰落,封建制度下扬州的繁盛从此也走向了尽头。

当时,以扬州为集散中心的两淮之盐价格究竟有多贵呢?

陶澍在《会同钦差筹议两淮盐务大概情形折子》中说,清代前中期淮盐场价"每斤向卖制钱一二文、三四文不等",但淮盐在各地市场的销售价却远高于场价。据《湖广总督陈若霖为遵旨查核楚岸封轮销盐旧章并筹复散卖事奏折》中记载:淮南盐在嘉庆二十三年(1818)时的价格竟高达"梁盐每包售银三钱二分五厘六毫,安盐每包售银二钱九分二厘六毫",约合每斤五六十文,比乾隆五十三年(1788)上涨了12%左右。而到了道光十年(1830),陶澍在《再陈淮鹾积弊附片》中指出:"汉镇为销盐第一口岸,盐价每斤需钱四五十文。迨分运各处销售,近者六七十文,远者竟需八九十文不等。"

虽然清代全国盐质以色味而论,"淮南为上,四川次之,浙东又次之"(《张季子说盐》),而且,淮南盐又可分为两种,上者为梁垛场所产的"梁盐",次者为安丰场所产的"安盐"。但是,即使再好的盐,从一斤三四文卖到八九十文,这样悬殊二三十倍甚至更多的差价必然导致百姓买不起官价之盐。随着盐价的不断上涨，相应的情况必然同时出现：一是淮盐出现滞销的情况，另一是私盐贩卖在民间悄然盛行——两种结果都会使得政府得不到应得之课税。

而盐商垄断、产大于销，更加导致了两淮盐大量积压，原先被垄断的 6 省250 个州县的淮盐运销市场在道光初年几乎丧失殆尽，从道光二年（1822）到道光十年（1830）短短的八年间，两淮盐区"盐务遂一败涂地"——"时两淮私枭日众，盐务亦日坏。其在两淮，岁应行纲盐百六十余万引，及（道光）十年，淮南仅销五十万引，亏历年课银五千七百万；淮北销二万引，亏银六百万"（《清史稿·食货志》）。当时，使两淮盐务陷于如此窘境的竟然是在道光二年（1822）被道光皇帝委以重任、期待有所建树的以巡抚衔巡视两淮盐政的曾燠（号宾谷）。

这是曾燠第二次来扬州出任两淮盐官。前一次，是在乾隆五十七年（1792），而且，一干就是十余年，这也就是道光皇帝再度命他两淮巡盐的原因。因此，曾燠成为卢见曾之后又一位两次到扬州任盐官的清代官员。虽然朝廷对曾燠寄予厚望，但事实上他的确没有对当时扬州盐业的改善做出什么有益的贡献。四年之后，道光六年（1826），对两淮盐务治理工作收效甚微的曾燠被召回京师，遭到了道光皇帝的严厉斥责，在上谕中，道光愤怒地写道："朕以曾燠在两淮盐运十余年，又历任巡抚藩司，特命以顶戴补授盐政，期资整顿……曾燠在任四年有余，并未能设法整饬，一味因循了事……着令以五品京堂候补，拟示薄惩。"曾燠随之称病告假，道光余怒未消，下旨"不准给假"，直至他在京师寓所病逝——如此看来，曾燠和卢见曾这两位曾先后两任两淮巡盐御史的官员结局似乎都不够圆满、美好。

倒是与卢见曾一样，曾燠在扬州任职期间，"且接宾客，昼理简牍，夜诵文史"，还专门在两淮盐运司里修建了一座"题襟馆"，与远近名士雅集唱和、赋诗为乐，充当了当时扬州"风雅教主"的形象，为扬州文化留下了一笔宝贵财富。所以《清稗类钞》对曾燠这样评价道："盖自王文简公（王士禛）司理扬州，德州卢雅雨方伯见曾转运两淮而后，以提倡风雅为己任者，曾（燠）也！一时槃敦称盛。"

曾燠未能解决的两淮盐务问题毕竟事关国计民生，因而道光皇帝继续寻找下一个继任者。这次，他幸运地找对了人，由此也引发出"废纲为票"的"票盐制"改革。这个人就是陶澍。

陶澍荣任两江总督之时，正值"两淮盐务凋敝败坏，至今已成决裂之势。盖库贮垫占全空，欠解京外各饷为数甚巨。历年虚报奏销，总商假公济私，遮饰弥缝，商人纳课不前，日甚一日……"为了表示对陶澍的支持，道光皇帝自道光十年（1830）起，"裁除盐政，改归总督管理"。于是，陶澍更加大刀阔斧地采取了两项措施：其一是对两淮盐政全面整顿，制定盐务章程十五条，除积弊，删浮费，改良官运，降低盐价；其二是积极推行改革，在淮北改"纲盐"为"票盐"，实行盐业的自由贸易。

关于陶澍改革两淮盐法的主要内容及其影响，曾仰丰在《中国盐政史》中有这样的论述：

> 清自乾隆时代，报效既多，商力疲敝，各省盐务，皆有不可收拾之势。故及嘉、道年间，言事者屡以取消专商、改革盐法为请。道光十二年（1832），因将淮北改行"票盐"……道光三十年（1850），复将淮南亦改"票盐"，其办法虽仿淮北，而设计较详。如运司为盐务总汇，其积弊过深，殊难禁止，则改为纳税领票，于扬州设立总局办理，以清运司衙署勒索之弊。……改纲为票打破了盐商垄断两淮盐业的局面，使一般商人皆可行盐，盐如百货之通流，手续简省，化整为零，中间盘剥减少，成本大为降低，解决了纲盐大批积压滞销的问题。与此同时，盐商也就失去赖以生存的土壤，特别是专靠垄断根窝而坐收盐利，或以设立公账、摊派散商取利的总商，更是一败涂地。

清代盐政至道光时期已积弊丛生，面临不改则亡的境地。上一节我们提到乾隆对"两淮盐引案"也曾痛下杀手，原因也是发现盐商垄断经营存在着极大的弊端,引起官商勾结,层层剥皮克扣,引起盐价飞涨,政府盐政税收受到严重影响,必须下大力气进行整治。可惜当时他不如道光皇帝用人恰当,未能切中肯綮地找到改革的最佳方案,故而只是落得个草草了事的结果。

在亲赴海州深入盐场调查研究的基础上,道光十二年,陶澍确定了"改道不改捆,归局不归商"的改革原则,并制定章程十条。"只论盐课之有无,不问商贾之南北"、"以民贩之易简,改纲商之繁重",是其改革的主要内容。也就是说,只要照章纳税,任何人只要经州县给照就可以赴场买盐,持有运司付给的盐票(这是关键所在!)就可以行运,按照指定销售口岸出售,便会得到应有的保护。

经奏准后,从道光十二年起,陶澍在江苏山阳(今楚州、宝应一带)等十县、安徽凤阳等十三县和河南汝阳等八县共三十一州县的淮北盐区率先实行"票盐法"——废除"纲法"改行"票法",取消引商专卖制,招商行票,就场征税。什么是"票盐",陶澍当时在向道光所上《酌议淮北滞岸试行票盐章程折子》的奏折中是这样介绍的:"由运司刷印三联空白票式,一为运署票据,一留分司存查,一给民贩行运。……民贩纳税请票时,该大使于票内填注民贩姓名、籍贯、运盐引数、往销州县,按道远近,立限到岸,听其销卖。运盐出场,由卡验放,不准越卡,亦不准票盐相离及侵越别处,违者均以私盐论。"

陶澍的票盐改革实施之后,打破了纲商对盐业的垄断,无论何人,只要照章纳税,均可领票运盐。当时,陶澍在票盐中允许"一引起票",让一般商人和垄断官商处于平等地位,小本商人也可参与自由竞争。同时,取消了一切不必要的中间环节和陈规陋习,其中最重要的是食盐运输途中实行"改道不改捆",即改变食盐的运输路线,尽量做到一水通达,中途不盘坝、不改捆。原来纲盐在运输途中要反复改捆、过坝、换船、装车、查验,盐斤损失很大,以至"盐仅七成"的状况大为减少,人力、时间、费用都得到了大大的节省。

票法的实行,彻底废除了两淮盐商对盐的垄断,众多的票商替代了原来的垄断淮商,两淮盐务渐有起色,产、运、销数量同步提升,不仅年年完成了产销任务,而且带销历年积欠官盐,繁荣了经济,又保障了盐课。自道光十二年至道光二十五年(1832—1845)的十三年间,按原来纲盐制规定淮北盐区例行纲盐310余万引,应征盐课300余万两。但实际上,陶澍废纲为票的改革之后,共行销610余万引,征税款达1112万余两,比规定年征额多收了2.6倍。从此,两淮盐场由"商疲、丁困、引积、课悬"的危困局面,转变为"盐销、课裕、商利、民便"的兴盛形势。"国朝久治安,两淮足财赋"——陶澍的盐务改革成效显著,赢得了全国上下的一片赞许。

此间,陶澍在淮南盐区裁减浮费、加斤减价、严厉缉私、整顿销售,为道光三十年(1850)两江总督兼两淮盐政陆建瀛在淮南盐区继续推行陶澍的票盐法打下了坚实的基础,出现了仅实行六个月票盐法即完成全年的销售定额的奇迹。

在陶澍实施盐政改革期间,在两淮盐区积极推行"票盐"制度的另一位官员是以维护中国主权和民族利益深受全世界中国人的敬仰,中国人读到他的名字都会感到扬眉吐气,他在虎门销烟的壮举早已誉满全球,但他于道光十二年(1832)和十六年先后被任命为江苏巡抚、两江总督兼两淮盐政,在扬州治理盐税的故事却鲜为人知——他就是"苟利国家生死以,岂因祸福避趋之"的爱国政治家林则徐。

林则徐是当时以陶澍为首的改革家中的重要成员。当时,陶澍任两江总督,林则徐任江苏巡抚,都是励精图治的大臣,作风不同却优势互补。两淮盐政改革的效果,在林则徐的《设法疏销淮引片》、《甲午纲淮北盐课奏销额款全清折》、《宜将缉获私盐变价按引提课片》、《整顿楚省矿务折》等许

林则徐塑像

多奏折中得到体现："至运盐引额,查淮北甲午纲纲食各岸正引,并带运戊子、己丑、庚寅残盐……除上年癸巳纲溢请二十七万五百四十一引零,因场产满额无盐付捆。""统计甲午一纲,课已全足,引仍多余,实为票盐畅行之效。"

在林则徐任江苏巡抚之前,官府为征收盐课等课税,在扬州的白塔河、中闸(俗称"两口")两处设卡对盐船、货船征税。上任伊始的林则徐在扬州、泰州两地巡查时发现,一些船只为了逃避关税,大多绕道泰州。为制止盐船的逃税行为,扬州关则在泰州设置分支机构,在泰州的滕坝、鲍坝和北门外西滋河口(俗称"三坝")增设关卡,对进出船只征收落地税和运销泰兴土产税,其余南北来往盐运仍需在扬州关的白塔河、中闸通行纳税。然而,此举未能奏效,盐船绕道泰州逃税依然严重,泰州当地官员见反正都是收不到盐税,干脆下令堵死滕坝口,还省了自己的事。于是,船民们则又采取越坝偷运的形式逃税,方法就是,当南北盐船航运至滕坝口后,先将货物卸船,翻过堤坝,运至另一边等候的其他船只上,并因此出现了专门从事此业的"专业户"。而民间也流传开这样的顺口溜:"一到三坝两口,商人为税发抖。白天盘算翻坝,夜里巧妙偷渡。"前任巡抚为解决越坝偷税问题想尽办法,但偷逃税者有增无减,并且时常为此引发争端。

经过实地考察之后,林则徐提出了治理越坝逃税的三项主张:一是在扬州、泰州关卡张贴明令禁止逃税、违者严惩重罚的告示;二是责令泰州地方官员重开滕坝口,并派员在三坝两口设伏稽查;三是严惩巧立名目、强征暴敛的官吏。此举推出一年后,情况大为改观,扬州关税有了较大幅度的增长。道光十六年(1836),林则徐出任两江总督兼两淮盐政,再度在扬州、泰州巡查时,发现积弊已除。但林则徐还是要求在滕坝等处树起《扬关奉宪永禁滕鲍各坝越漏南北货税告示碑》,为的是震慑不法盐商,警示后世之人,保证盐税等课税准时、足额上缴。

而当年在扬州为陶澍幕后出谋划策的两个重要人物魏源、包世臣,在今天扬州老城区里,也都依然能寻找到一些当年他们留下的痕迹。

魏源像

《海国图志》书影

　　位于扬州老城区新仓巷 37 号的絜园,曾经走出过魏源这位对陶澍票盐改革帮助极大、在《海国图志》中发出"师夷长技以制夷"口号的晚清著名思想家、新思想的倡导者、近代中国"睁眼看世界"的首批知识分子的优秀代表。

　　因为屡试不第,魏源应聘来到扬州,担任陶澍的幕僚。其间,他一是建议将河运改为海运,二是建议将纲盐改为票盐。尤其是后者,直接促成了陶澍票盐改革的实施。魏源认为,起源于明万历年间的"纲盐制",盐利被少数大盐商垄断,不但价格奇高,而且掺杂使假,质量低劣,老百姓纷纷购买私盐,国家难征盐税。而淮盐成本之高又是由于引商所支付的浮费和勒索太多。如果废除引商专卖制度,允许散商凭票运销,中小商人都能涉足盐业经营,只要有钱,就能投资,便可以大大降低成本从而降低价格,这样既可促进食盐销售,抵制走私,又可增加国家的盐税收入。魏源的建议使得清代晚期的漕政和盐政大受其益,也使得魏源本人获利颇多。魏源在做幕僚之余,也从事盐业经营,而且获利颇丰,扬州絜园就是他用经营盐业得来的钱款购建的,后来,《海国图志》在絜园完成初稿之后,也在扬州用雕版技术印刷、发行。

　　扬州老城区东关街的观巷中,曾经有过一座"小倦游阁",那便是清代著名学者、书法家包世臣(人称安吴先生、"包安吴")的故居。道光十年(1830)十一月,作为陶澍的主要幕僚之一,包世臣在《代议改淮鹾条略》中,向陶澍提出了整顿两淮盐务的具体建议:一是裁减浮费,以减轻官盐成本;二是疏浚运道,以便淮盐运销畅通;三是广招盐商,以便加速淮盐的运销;四是防禁私盐,以防止灶丁透私;五是商人纳课,以确保国库盐课收入。这些建议,大都为陶澍所接受。此外,包世臣还对陶澍所主持的漕务改革和兴修水利工程等积极建言献策,加上他的书法艺术别具一格,因此,虽然包世臣的社会地位不高,但却名满江淮。

但是,票盐法的实施,也触痛了一些贪官污吏和世代独霸盐纲的大盐商们的神经末梢,行票废纲,总商被革,收入全裁,纲商没有了特权,自然不甘心失败,他们和盐政贪官以及从盐务中得到好处的官员相互勾结,大肆诋毁陶澍。据《水窗春呓》中记载:"陶文毅(澍)改两淮盐法,裁根窝,一时富商大贾顿时变为贫人,而倚盐务为衣食者亦皆失业无归,谤议大作!"甚至扬州当时还出现了变着法子诅咒陶澍、对陶澍进行人身攻击的民间风俗,陶澍在奏折中写道,"闻扬人相斗纸牌,绘一桃树,另绘一人为伐树状,以寓诅咒"——"砍伐桃树",谐音就是"砍伐陶澍"。这一情况也记载在《水窗春呓》之中,而且还辱骂了陶家小姐,可谓恶毒之极,看来这些绝对不是陶澍自己编造出来的故事:"扬人好作叶子戏,乃增牌二张,一绘桃树,得此者虽全胜亦全负,故人拈此牌无不痛诟之。一绘美女曰陶小姐,得之者虽全负亦全胜,故人拈此牌辄喜,而加以谑词,其亵已甚。"

不仅如此,盐商、官吏们还试图通过政治代言人来攻击陶澍,表达不满。御史周彦,指责票盐之法与场灶起征,名异而实同,认为"场灶起征利于私而不利于商;给票行盐,利于枭而不利于国";御史鲍文淳,为原来总商鲍有恒近族,鲍文淳未中进士时,常在扬州与盐商往来周旋,故在票法改革后,成为攻击陶澍的中坚,或称票法改革未有把握,或称淮北奏销未能如期,或称陶澍私刻奏章,处处加以掣肘,这些情况均记于《嘉庆道光两朝上谕档》、《朱批奏折·财政类·盐务项》之中。

激烈的斗争中,陶澍针锋相对,寸步不让,强调票盐有利而无害,并以盐销课裕的事实,争取到了道光皇帝的坚定支持,使反对派的阴谋一一破产。另一方面,以极其强硬的态度,对垄断纲商革职废窝,追缴欠课,直至抄没家产,原本富可敌国的扬州大盐商遭到空前未有的沉重打击,因票盐的实行而急速地衰落。票盐制的实施,使纲盐制下的两淮盐商失去了垄断盐利的特权,盐商手中掌握的根窝顿成一堆无用的废纸。清政府为了追缴他们历年所欠数目巨大的旧额盐课,采用抄家没产的办法,使得许多大盐商纷纷破产,"群商大困","盐商顿变贫户"。陈去病在《五石脂》中指出:"自陶澍改盐纲,而盐商一败涂地。"过去的"高堂曲榭,第宅庄云","改票后小及十年,高台倾,曲池平,子孙流落有不忍言者。旧日繁华,剩有寒菜一畦,垂杨几树而已"。甚至连"百万之费,指顾立办"的大盐商江春,他家的老私宅"自陶澍清欠帑后,公私皆没入,旧时翠华临幸之地,今亭馆朽坏,荆棘满地,游人限足不到"。(阮元《揅经室再续集》)

第四节　究竟是什么原因让扬州盐商瞬间衰败
——清代嘉庆之后的扬州盐业(下)

不少人都认为,陶澍改纲为票的盐政改革是扬州盐商衰败的原因。事实上,扬州盐商的衰落不仅仅是因为盐法制度改革的单方面结果,同时也是由于扬州盐商过度的奢靡性消费,导致资金周转困难;封建政府对扬州盐商的盘剥、压榨;咸丰年间太平天国运动的爆发,两淮产盐区与销地成为太平天国、清政府争夺的重要地区;再加上由于海岸线的东移,淮南盐产区的衰落,两淮产盐重心由淮南移至淮北——所有这些综合在一起,才是导致扬州盐商最终衰落的原因。

当时,扬州盐商骄奢淫逸的生活天下闻名,连雍正皇帝也不无感慨地说:

朕闻各处盐商,内实空虚而外事奢侈。衣服屋宇,穷极华靡;饮食器具,备求工巧;俳优妓乐,恒舞酣歌;宴会嬉游,殆无虚日;金钱珠贝,视为泥沙。甚至悍仆豪奴,服食起居,同于仕宦。越礼犯分,罔知自检;骄奢淫逸,相习成风。各处盐商皆然,而维扬为尤盛。(《清朝文献通考》卷28)

《清稗类钞》中记有一个被称为汪太太的盐商妻子,为了迎接圣驾南巡而慷慨解囊,一夜之间就在人工花园中赶造了一方"三仙池",被乾隆大加赞赏。而扬州盐商黄均太,每天晨起,先食燕窝一碗,再喝参汤,又食鸡蛋两枚——这种鸡蛋可不是普通的母鸡所生,而是用人参、白术等药材喂养的特种母鸡所生,故每枚值纹银一两。《扬州画舫录》卷6还记有更多事例,兹摘录几则如下:

> 扬州盐务竞尚奢丽,一昏嫁丧葬,堂室饮食,衣服舆马,动辄费数十万。有某姓者,每食,庖人备席十数类,临食时,夫妇并坐堂上,侍者抬席置于前,自茶面荤素等色,凡不食者摇其颐,侍者审色则更易其他类。……其先以安绿村为最盛,其后起之家,更有足异者。有欲以万金一时费去者,门下客以金尽买金箔,载至金山塔上,向风飏之,顷刻而散,沿沿草树之间,不可收复。又有三千金尽买苏州不倒翁流于水中,波为之塞。……有好大者,以铜为溺器,高五六尺,夜欲溺,起就之。一时争奇斗异,不可胜记。

曹聚仁在《食在扬州》中,则专门写到了扬州盐商的家用厨师之多、厨艺之精——后来形成的"淮扬菜系",同扬州盐商家的厨师有着直接的关系:

> 昔日扬州,生活豪华,扬州的吃,就是给盐商培养起来的。扬州盐商几乎每一家都有头等好厨子,都有一样著名的拿手好菜或点心。盐商请客,到各家借厨子,每一厨子,做一个菜,凑成一整桌。

　　甚至于有些盐商自己就是能做许多特色菜肴的美食家。比如《扬州画舫录》所记的烹饪名师吴楷（字一山），即为盐商中儒士，"好宾客，精烹饪"，其"炒豆腐"风味绝胜，著名的扬州蚌螯糊涂饼由他首创。再比如说扬州盐商童岳荐（字砚北），"精于盐笑，善谋画，多奇中"，曾专门撰写了一部介绍正宗扬州菜烹调方法的《调鼎集》（原名《童氏食规》、《北砚食单》），有专家考证成书时间大约是在同治七年（1868），被誉为我国古代烹饪艺术集大成的巨著。它纯粹以扬州菜系为主，从日常小菜腌制到宫廷满汉全席，应有尽有。共收录素菜肴两千种、茶点果品一千类，烹调、制作、摆设方法，分条一一讲析明白。

　　此处不能不说说扬州盐商为接待康熙、乾隆南巡而创设出来的"满汉全席"。这是一种规模盛大、程序繁杂、满汉饮食精萃合璧的超豪华型宴席，《扬州画舫录》卷4中有完整的满汉全席菜单，全部菜品共五份百余种。事实上，除了迎接皇帝，扬州盐商后来也常常用在贵宾过境——其奢华于此可见一斑。后人每评淮扬菜，常用一个"贵"字。这便是当年扬州盐商豪甲天下的饮食习惯使然，当然，这也是淮扬菜得以壮大的一大保障。徐谦芳在《扬州风土记略》中指出："扬城土著，多依磋务为生，习于浮华，精于肴馔，故扬州筵席，各地驰名；而点心制法极精，汤包、油糕，尤擅名一时。"由扬州盐商和两淮盐官逐步培植形成的这种场面浩大、环境典雅、菜肴奇特、选料精严、食器精美的风格，基本上就是后来淮扬菜的主要特色。

　　扬州盐商的巨额消费也促进了扬州商业经济的繁荣。生活在顺治、康熙时期的孔尚任，扬州繁华远没达到鼎盛时期，但从他"东南繁华扬州起，水陆物力盛罗绮"的诗句中，我们已经能感受到清朝初期扬州的繁荣了。当时，扬州城内店铺林立，商业行业众多，南北货物齐全，既有居民生活所必需的柴米油盐、鸡鱼肉蛋，又有玉器、漆器、金银首饰等高档商品。著名的"扬州三把刀"即厨刀、剃头刀、修脚刀的兴盛，更体现了扬州饮食、服务业的繁荣。而扬州当时金融服务业发展迅猛，城内开有钱庄、典当行数十家。甚至因为扬州盐商的带动，扬州人种花、养花、买花也悄然成为风俗，由此形成了兴旺的花卉市场，而被郑板桥以"十里栽花算种田"记入了诗中。

后来，扬州盐商破败了，真实的挥金如土变成了虚假的空头支票，"率习于浮华"，炫丽矜夸却留存在扬州的民风民俗当中。正如历史学家邓之诚指出的那样："（扬州盐商）服饰、器用、园亭、燕乐，同于王者，传之京师及四方，成为风俗。奢风流行，以致世乱，扬州盐商与有责焉。"（《中华二千年史》卷5）扬州文史专家韦明铧老师研究出后来扬州人之所以被称为"扬虚子"，这个"虚"字的产生就与扬州盐商有关——朱自清解释"扬虚子"之意为："一是大惊小怪，二是以少报多，总而言之，不离乎虚张声势的毛病。"道光年间的盐法改革，使众多盐商手中的盐引一夜之间变成了废纸，许多富商就此破产。自此一有风吹草动，自然是胆战心惊，免不了要大惊小怪。而以少报多，谈生意留虚头，则是商场上的通例，扬州盐商自不能免。

还有私家园林别墅，这也是扬州盐商奢侈性消费的主要内容。他们追求别墅的富丽堂皇、精雕细刻，园林的规模庞大、构筑精妙，不惜重金、广延名士营造出"名园十里斗繁华"的空前盛况。嘉庆、道光年间，两淮商总黄至筠（一号个园）"既购街南马秋玉小玲珑山馆，复筑是园"的个园是当今扬州最为著名的盐商园林。园主人特别爱竹，认为竹本固、心虚、体直、节贞，有君子之风，

个园的假山

故园内植有多种竹。竹叶形状类似"个"字，故取名"个园"。《扬州画舫录》载："扬州以名园胜，名园以垒石胜。"现存名园中的叠石又以个园中的分景叠石艺术（俗称春夏秋冬四季假山）最为有名。当年黄至筠的不菲花费，无意中为扬州个园争取到了一个与北京颐和园、承德避暑山庄和苏州拙政园齐名的"中国四大名园"的荣誉称号。

道光二十年（1840）至咸丰元年（1851），鸦片战争、太平天国运动相继爆发，淮南盐区连遭兵燹，京杭大运河的南北交通被切断，"不特淮南引地无不被其蹂躏，即商人之居于镇扬二郡者，十有八九亦悉遭荼毒，以致盐务更形败坏"（《军机处录副奏折·咸丰朝·财政类·盐务》），运商星散，场商逃走，灶户停煎，亭荒镟废，原20场额煎镟26169口所存不足十分之三。特别是太平军攻占扬州之后，致使淮盐运道梗塞，引岸废弛，票运不通，财税收入受到严重影响，清政府不得不改变了盐业政策，扬州盐商重新取得了对两淮盐业市场的垄断特权。

也有扬州盐商是在战乱中因祸得福，无意之中发了大财的，那便是周扶九。他自幼被从江西带往湖南湘潭一个笔墨店里当小学徒，于咸丰三年（1853）被派往广州做庄客，当时太平军已攻克南京，店主写信给周扶九，要他赶紧将放出去的欠账全部收回总店。在收欠款时他也收到了一些折价之物和票单，其中有25张盐票。交账时，盐票已贬值，店主以盐票为工钱，抵给被开除的周扶九。后来盐票大涨，周扶九开始出租盐票，数年后，腰缠万贯，开始直接运盐，在扬州开办裕通和盐号。之后，他又分别在湘潭、常德、吉安等地先后开有裕通源、裕孚、裕长厚、裕道等钱号以及当铺、纱厂、米厂等，并将扬州裕通和总号搬迁到上海，改号裕记，资产累计3000多万元之巨，暴富暴衰，前后达40年之久。

晚清的扬州，民间流传有"周扶九的盐、萧怡丰的钱"的谚语，也流传着周扶九这个大盐商不少吝啬成性、贪小便宜的故事。比如说，周扶九每天吃菜仅买一个铜板的盐豆子，为了尽可能多买，他将扬州全城小店的盐豆子都买过一遍，一颗一颗地数，结果发现有一家分量最多，一个铜板可买58颗，此后他就总去这家买。又比如说，周扶九经常在扬州三义阁澡堂洗澡，每次洗澡后他都要偷藏一条毛巾带回家。事发后周家的管家请澡堂不要声张,由管家按照周氏洗澡的次数,每次赔偿一条新毛巾。再比如说,周扶九每天早上必去某家面店吃面,他吃的面比常人多一倍,但只肯出一半钱。老板无奈去告诉周夫人,周夫人让面店老板仍照半价收钱,但到年终时双倍还给面店。如此等等,不一而足。近人杨钧在《草堂之灵》里探讨了周扶九的致富原因:"江西周扶九富至三千万,人询其故,则曰:'不用(钱)。'"只挣不用,自然能够致富。而由于现代著名作家曹聚仁《地皮大王周扶九》的影响极大,周扶九的名字后来也可以说是全国闻名了。

清代扬州人石成金著有小说《雨花香》,其中写有不少扬州盐商的故事,有一篇是《铁菱角》,也写到了一个极为吝啬的扬州盐商汪于门。说他一钱不使、二钱不用,数米而食,秤柴而炊。但凡亲朋好友来借贷,一律回绝,为此他还专门写了告示贴在自家屏风之上。为保住自己的万贯家财,他让铁匠打造了许多"铁菱角",下三角,上一角,甚是尖利,如同刀枪。他每晚把这些东西布置于银库四周,天亮前收回,辛苦之极,却乐此不疲。不料清兵攻入扬州城后,将其银子悉数充当军饷。汪氏见此,捶胸顿足,长嚎数声,仆地而亡。后来,这部小说因为纪晓岚的抄录而风靡一时,被称为"中国古代十大手抄本"之一。

同治三年(1864),曾国藩任两江总督兼两淮盐政时,修改票法,实施寓票于纲、专招大商的办法,规定凡行销湘、鄂、皖、赣之盐,把陶澍制定的一引起票调整到五百引才能起票,办运成本为大票5000—6000两银、小票1000—2000两银,使得小本盐商无力领票办运,又一次出现富商豪贾垄断淮盐产运销的现象。李鸿章接任曾国藩之职后,推行循环转运、报效捐款的做法,于同治五年(1866)借筹备军饷之名,责成扬子四岸的票商报效捐款(当时核定湘岸每引0.5两银、鄂岸0.6两、皖岸1两、赣岸1.4两),将淮盐运销作为票商的专利,票法重新成为纲法,引岸专商继续垄断淮盐市场。陶澍推行的票盐法渐渐被舍弃,两淮盐区又重新实施纲盐法,而纲盐法的弊端几乎同时重新出现——生产并不过剩但积引却不断增多,官盐卖不出去但私盐却四处销售,各

十二圩淮盐总栈门楼(录自《滨江名镇：盐都十二圩》)

种专商积弊一直拖到清王朝的末日。

清代末年,由于瓜洲下游七濠口江岸坍塌,淮南盐的集散逐步向仪征迁移。同治八年(1869),两淮盐政李宗羲、盐运使方浚颐请求朝廷将淮盐总栈搬迁到仪征十二圩,得到批准后,开始辟盐垣、建库房、筑码头、修船坞。盐务总栈的全称是"仪征淮盐总栈",后改名为"两淮盐务扬子总栈"。总栈下设浦委厅、淮盐掣放局、淮盐批验所、查舱局、毛盐局、盐务警察总局等,机构十分庞大,总栈的衙署今天是仪征扬子中学所在,大堂的正中,挂着当时曾国藩考察十二圩书写的"东南利浦"巨匾。围绕着食盐的储存、运输,十二圩出现了空前的繁荣,金融、商业、文化教育、医疗卫生等各行各业出现了欣欣向荣的盛况,甚至还建起了发电厂、电报局等新式工商服务业机构,民族资本也有了一定的发展,更像是一个按比例缩小的"小上海"。

清朝灭亡前夕,政府继续准备对两淮盐务进行变通以整顿财政,做垂死挣扎。光绪二十九年(1903),两江总督张之洞奏称,淮盐疲弊,急宜整顿,"拟增兵船以制枭,剔卡弊以恤商,并定盐务差使比较章程"(《清德宗实录》卷511),得到批准。光绪三十四年(1908),淮盐产不敷销,两江总督端方曾借运芦盐合淮引十万引,借东盐合淮引六万引,"用轮装运免税"。宣统元年(1909),御史陈善同称,盐务改归中央直接管理,共有六个方面的整顿办法:

一曰招商包办，一曰开办统捐，一曰就场收税，一曰官运官销，一曰官督商销，一曰官运商销。但是，勾画的蓝图还没有来得及实施，满清王朝就被推翻了。而且，随着铁路、海运在盐运中的地位越来越重要，扬州水运的唯一优势已经不再具有强大的竞争力，特别是宣统二年（1910）西坝运商集资修建了一条长约14公里的清扬运盐轻便铁路，另外部分运商改走海路，采用轮装，扬州盐运渐渐衰败下来。

　　而就是在清朝的最后几年，两淮盐业也有其回光返照的精彩一瞬。光绪二十九年（1903），南通状元张謇以实业进行盐务改革，集资购进淮南吕四场李通源盐垣，设立同仁泰盐业公司，效法资本主义国家的劳资关系，改变了垣主与灶户的封建关系，为我国盐业新式生产组织开了先河。第二年，张謇又聘请日本技师，先仿东法制盐，继在海州、浙东行滩晒均未成功，最后试验松江板晒获成功。光绪三十二年（1906），在淮南吕四盐场试制生产精盐，荣获意大利米兰万国博览会最优等奖牌——104年之后的2010年，在中国上海隆重举办的世界博览会就是当年万国博览会的另一种名称。

　　随着海岸线的东移和卤水的变淡，两淮盐区（尤其是淮南盐区）的盐业生产已经难以为继。经两江总督并盐政大使端方奏准，委派江泳沂招商集资，于光绪三十四年（1908）在丰乐镇（今江苏省灌云县洋桥镇）附近辟场筑滩42份，后来海州县丞汪鲁门等在圩子口苇荡左营以东地区新建大德制盐公司，加上同德昌、大阜、公济、大有晋、大源、庆日新、裕通等七个公司，统一名之为"济南场"（意思是以此来接济、帮助淮南盐场），用泥池滩晒产出第一批原盐。虽然如此，到清王朝灭亡之前，淮南盐产量还是每况愈下，以光绪三十四年（1908）为例，淮南中十场年产煎盐仅34.89万引，与嘉庆年间80万引的年产量相比，下降了65%以上。就像《红楼梦》中所说的"一荣俱荣、一损俱损"，随之而来的是，扬州盐业、扬州盐商、扬州城市经济和文化事业都日渐凋零。

第六章　淮南盐业　命途多舛
——民国时期的扬州盐业

　　1911年辛亥革命爆发后,中华民国成立,标志着中国走进了新的纪元。民国时期,历经张謇和丁恩主导的两次盐政改革。而当时两淮盐区的盐运,已呈现出江河海、铁路、公路等多样运输方式。加之海岸线东移,淮南盐产区衰落,以及盐民罢工和国内战争不断,这时期的扬州盐业命途多舛。

清末民初诗人陈懋森在《过两淮盐运使廨前》中为我们描绘出当年扬州盐业的凄惨现状——"惨淡旌旗照夕晖,辕门三五荷戈稀",昔日曾经的繁华热闹都成为明日黄花而烟消云散——"两淮使者,类能主持风雅,为士人所归,尤以(卢)雅雨、(曾)宾谷二公为著。流风余韵垂百余年,至改国而绝"。

诗人文中所说的"改国",指的是1911年辛亥革命的爆发,推翻了中国两千多年的封建统治。1912年中华民国的成立,标志着中国走进了新的纪元。这一年,张弧出任两淮盐运使。不久,中央政府又废除两淮盐运使,设立两淮盐政总理,隶属江苏军政府,调张弧任盐务筹备处处长,旋改财政次长,并兼盐务署署长、盐务稽查总所总办。

张謇塑像

当时任两淮盐政总理的是张謇,同时他还兼任政府实业部长。上任伊始,他就发表了《改革全国盐法意见书》,猛烈抨击引岸专商制,提出了改良盐法、实行自由贸易的详细规划,并着手在大致包括苏、皖、赣、湘、鄂等省范围的两淮盐行销地区进行试点,议定于民国三年(1914)起取消票权,开放引地,任由商人自由贸易。对于张謇的两淮盐区改革试验计划,"盐商全力抵制,百方运动;盐官群起反对,阻力横生"。而且,当时南京临时政府对于各省无法进行实际控制,淮盐销区各省为了保持地方盐税征收权,纷纷借口财政困难而抵制张謇的改革。于是张謇在两淮的改革试验宣告流产,民国时期的第一次盐政改革草草结束。之后不久,政府废置两淮盐政总理,恢复两淮盐运使,直隶中央,仍驻扬州。

也是在这一时期,包括张謇在内的扬州、南通、上海等地的官僚、垣商、地主、资本家,甚至还有一些买办,纷纷在苏北沿海地区收购已废的亭灶、草荡,开办盐垦公司,兴垦废灶,对沿海土地开发利用,转产棉花。到民国五年(1916)前后,南起长江口的吕四场,北到灌河口的陈家港之间,共成立了77家盐垦(垦植)公司,其中最大的公司是周扶九在民国六年(1917)成立的大丰公司,位于东台新丰镇的草堰场,领地112万亩,为淮南各公司之冠。

周扶九故居的小洋楼

民国时期,扬州民间流传有"好事做不过盐商"的谚语,今天丁家湾许氏盐商宅第中流传出的民国初年的故事可以证明这句民谚。当时,正处于货币频换阶段,扬州市面也风雨飘摇、人心不定。于光绪年间发起成立扬州食商公会并担任会长的谦益永盐号兼汇昌永钱庄掌门人许榕楣(字云甫)与同福祥盐号兼同松参号药店的老板贾颂平商定,同为徽商后代的他们联手向市面联合发放盐票以代货币,从而稳定市情——正是敦本尚义、乐善好施的盐商又一次解民之困、安民之心。当然,民间也还传说在食盐运销口岸竞标时,许云甫是通过中间人买通了珍妃的家人,从而得知竞标底牌,在众多盐商投标过程中而一举中标,获得泰州、兴化、东台食盐运销专利权并因此发达的。许云甫乐善好施,在盐业中赚到了钱,曾在扬州开设"半济堂"施药,开粥厂救济,办育婴堂,捐资修桥修路。

扬州民间还曾流传过这样一句民谚:"穷贩私盐急卖硝,医了驼子损了腰。"这句话意思是说,想要以贩卖私盐来脱贫致富和穷极了卖火药造反,都是以违法的方式来解决问题,就如同庸医直接用蛮力扳断腰的方法来医治驼背,是要送命的,比喻得不偿失。而民国二年(1913)就有一个当年曾经贩过私盐的送了命,不过,倒不是因为他贩私盐,而是因为在政治动荡的年代他始终首鼠两端的行为使得天怒人怨,他就是外号"徐老虎"的徐宝山,今天瘦西湖中的"徐园"就是在原清初韩园桃花坞故址上为纪念徐宝山而重建的园中园。

光绪十九年(1893),徐宝山受人唆使,参与扬州仙女庙劫案,在丹徒县被拿获,定刑后发遣甘肃,于山东途中逃脱。随即潜入江湖,加入枭魁孙七的贩私集团,在扬州瓜洲、十二圩、七濠口之间盘踞,通过从两淮盐场将盐贩往江南发售,获取暴利。不久,徐宝山就成为一个江湖闻名的大盐枭,势力曾经北及淮河、南至长江,鼎盛时期,他的手下达到数万之众。此后,附势加入革命党、参加推翻清廷革命运动、率兵光复扬州的他,先官至扬州军政分府都督,后又被孙中山授予扬州第二军上将军长。袁世凯窃取了国家政权后,见风使舵的徐宝山又投靠袁世凯,积极反对国民党人。1913年5月23日,有人将装有炸药的古瓷瓶送到位于今天引市街中的徐宅,将称雄一方的徐宝山炸死。但徐宝山究竟被谁所杀,众说纷纭,莫衷一是,直至今天仍然是一个未解之谜。

今天,当外地游客走近徐园大门时,导游小姐常常会对门额上题写的"徐

瘦西湖中的"徐园"

园"两字侃侃而谈。她会告诉游客,扬州著名书法家吉亮工(自称"风先生")当时应邀为该园题写匾额,因对其不满,他故意用草书将"园"(繁体字为"園")字中间的"袁"字,写得有点像个"虎"字,用意是把"徐老虎"这只虎圈死在这个园子里。事实果真如此吗?还是等您亲自到徐园去看了之后再作回答吧。

民国二年(1913)起,又开始了民国时期的第二次盐政改革,不同的是,这次的主持者是一位外国人。1912年2月袁世凯夺取政权,1913年"善后大借款"以后,外国人开始控制中国盐务,形成了盐务稽核和盐务行政两大系统。在包括两淮等产盐地区设立盐运使司,负责管理盐务行政。而由稽核总所洋会办兼任最高盐务行政机构盐务署的顾问。同年,帝国主义银行团为了控制两淮盐场盐税,在扬州设立盐务稽核分所,主管两淮盐税征收及盐斤秤放事宜。两淮盐税收入均由洋人掌握,盐税扣除借款本息之后的剩余部分(称之为"盐余")才由中国政府自己支配。但连年的军阀混战,社会动荡不安,稽核分所有名无实,税收日减。而且,当时设于两淮的稽核分所并不是中国盐务的下设机关,而是洋人派驻在两淮的收税人员,收来的税款也直接解送到外国在华银行,以保证其"善后大借款"债务偿还计划的落实。

民国二年(1913)到民国七年(1918)间,在英国洋会办丁恩与中国改革者的共同努力下,开展了"整顿盐务、改革盐政、集权中央"的北洋政府盐务改革,在稽征考核、扩展税源、建立中央集权征税体制方面取得了较为显著的绩效,初步建立起盐税稽征管理制度,强化了中央对地方财税的有效控制。

当时,北洋政府纵容军阀漏税活动,军阀在扬州所运两淮之盐都可以"避缴扬州之税",这也是两淮盐区被丁恩认为是旧体制下盐务组织最完善地区的重要原因,他提出更要在此实施盐税稽征改革。于是,丁恩建议:凡淮北运销皖北 19 县及汝光 14 县的盐斤,其原在板浦、西坝、正阳关等处征收各项课税均一律取消,改在板浦征收一次直接统一税,每担 2 元;凡淮南淮北盐斤运往仪征十二圩的,其原来所征课税亦应一律取消,改在扬州征收一次直接统一税;凡淮南盐斤运销食岸的,其原来所征课税亦皆一律取消,改在扬州征收直接统一税。经反复讨论,淮北于当年 7 月 1 日始将税率更改,征收一次直接统一税,每担 2 元;淮南盐场于当年 10 月 11 日取消旧有各项课税,改征直接统一税率,凡运销扬子四岸盐斤,在十二圩盐栈起运之前一律在扬州征收统一场税,每担 1.5 元,其余岸税每担 3 元则在岸缴纳;凡运销食岸盐斤,所有旧税一律取消,改征统一税,每担 1.5 元至 0.75 元不等,一律在

《滨江名镇:盐都十二圩》书影

扬州缴纳。虽然淮南运销扬子四岸的盐斤还要缴税两次,但较前稽征手续大为简化,实际上丁恩的建议大部分都得以实现了。

为了强化两淮地区的盐税收缴,后来又将两淮稽核分所再析出一个淮北稽核分所,设有中方、外方经理各一人,我们熟悉的盐史专家曾仰丰就曾于民国十年(1921)担任过中方经理,而外方经理先后分别是英国人霍戈登和日本人加藤谦一。但即便如此,税收也是时有时无。特别是大革命兴起之后,两淮盐税更难保证。于是,江苏省督军下令由两淮盐运使监收盐税,甚至直接要求当地完备司令监收。民国十一年(1922),沪广封关,两淮用兵,英、法、日三国派出军舰进驻扬州仪征十二圩江面,用武力协助稽核,强行征收两淮盐税。民国十六年(1927),外国军舰炮击南京,长江运输阻塞,扬州、淮北两稽核分所被迫先后停办。第二年,南京政府将稽核总所并入盐务署,改称稽核处,并全集两淮稽核机关恢复办公,且赋予武装保护特权。

外债缠身,国力不济,导致捐税多重,盐价昂贵。按规定每百斤食盐征收正税二元五角,但实际上,行销淮盐的湘鄂赣皖四岸等地正税均超过三元,到民国十六年(1927)时,湘鄂赣皖四岸正附税相加分别达到八元七角至十三元五角之多,这些还不包括军阀向盐商强征之款项。税赋的不断加重,导致盐商无力或不愿加大投资,盐田设备破烂残缺,盐民生活逐年下降,生产力极不稳定,整个两淮盐业越来越呈现出衰败不堪的状况。

当时,两淮盐场流行着这样一首歌谣,说的是盐民劳动生活的艰辛繁重。每当春扫季节,盐民用斗子将砖池里的卤卣进盐格,扫盐集堆。垣商只顾赚钱,不顾盐民的死活,要求盐民在毫无安全保护的情况下,赤着双脚、冒着生命危险将盐一担一担地挑上十三搭高的盐廪:

> 高高大廪十三搭,净重筐盐两担八。
> 篾系箩筐擎不住,还须再把络绳加。

哪里有压迫,哪里就有反抗。民国十九年(1930)春夏之交,扬州仪征

十二圩盐码头

十二圩运盐工人,为生活所迫,发动了要求增加工资的罢工斗争,并取得了胜利,打击了运商资本家的威风,增强了运盐工人团结斗争的信心。当时,十二圩已成为淮盐重要的集散地,放盐时必须用小驳船将盐装上停泊在长江中的大江轮。但驳船工人工资极低,无法维持正常的生活,虽然多次向驳船公司交涉,但公司拖延再三,不予解决。于是,自1930年3月30日起,驳船工人连续两天停止运盐。驳船公司一方面担心事态扩大难以收拾,一方面也眼看着食盐因运不上江轮而运不出港口损失惨重,只好答应通过谈判来处理工人的要求。最后,驳船公司答应以每票(四千担)增加驳船工人工资十二元,驳船工人则于4月2日同意复工。

民国二十年(1931)2月,驻守在扬州的两淮盐运使公署迁至淮北板浦,并由淮北稽核分所经理缪秋杰兼任盐运使。而原来设立在淮北的淮北运副改称淮南运副,移驻扬州——扬州在两淮盐业中的重要地位由此也跟着发生了重大变化,跟以前兼治两淮盐业不一样,从此扬州只管理淮南盐业,而当时的淮南盐业也处于不断萎缩阶段。

还是在这一年的6月,扬州盐业运输又遭受到了重创——南京国民政府决定将运输湘鄂赣皖四岸的淮盐全部改为轮运——仪征十二圩原来传统的木帆船运盐方式将为更加先进的轮船运盐方式所取代。也就是说,以传统运盐方式生活的船工、运商包括官员都将受到极大影响,于是,一场持续时间达七年之久的运输风潮在十二圩爆发,并向扬州、南京蔓延。先是十二圩全体船工上书国民政府抵制；继而湘岸淮盐运输同业工会呈请财政部保留帆运；直至民国二十三年（1934），十二圩各社会团体结队到南京上访；同年 7 月扬州全市商人罢市、学生罢课，并组织 4000 余人到南京请愿。最终，抗日战争前后，南京国民政府一方面责成地方政府开设工厂，组织船工改业，还设立了救济十二圩船工办事处，专门协调办理相关事务；另一方面，航海、溯江的运盐方式全部改为轮运。

民国时期的两淮盐区的盐运，已呈现出江河海、铁路、公路等多样运输方式。原来淮南盐质高量大，行销湘鄂赣皖四岸（扬州老城区今天仍留下了"四岸公所"的地名和建筑）。但随着淮南盐产量的下降，淮南盐只够供应苏北食岸商号，于是原本由仪征十二圩集中转销的运输方式，也改为由食岸商号购买计划后，直接赴场垣掣运。因此，被称为"食商"的、直接将食盐运往各盐栈供城乡居民及酱园等行业食用和使用的盐商一时间在扬州多了起来。扬州食商还设有食商工会，前文提及的许云甫、贾颂平皆曾任会长。

前面我们曾经提到清朝末年的扬州盐商周扶九，在他当年居住的青莲巷，后来还居住过另一位徽州大盐商刘孝荃。今天，扬州老城区靠近人民商场附近的这条不起眼的小巷，因为历史上这里曾经居住过两位显赫的盐商而常常被人提起。抗日战争之前，刘孝荃在扬州经营福盛盐号，属于淮盐皖岸运商，颇具规模。后来，他还参加了"皖岸淮盐扬州运商办事处"的筹备工作。与当时许多大盐商一样，刘氏家族也先后在扬州经营过"福康"、"生余"两家钱庄。

正如扬州民谚所说"钟随摆动，钱随盐走"，当时，扬州大盐商与大钱庄股东常常合二为一，扬州盐业的兴衰又直接影响着扬州金融业的兴衰，民国二十二年（1933）出版的《中国实业志》中指出："江都（即今扬州）商业，以盐商为大宗，而与盐商关系最密切者，则以金融业，而以钱庄为然。"1919—1933年，仅扬州左卫街（今广陵路）钱庄就有怡大、怡生、华隆、恒丰、惠余、元丰、志和、信和、恒泰祥、德余、生余、庆余、汇昌永、永康、元昌等近 20 家，而在扬州城区其他如运司街（今国庆路）、多子街（甘泉路）、辕门桥、南牌楼、砖街南（今渡江桥）等闹市区均钱庄林立。扬州钱庄业、盐业的影响力甚至达到当时的上海，上海钱庄业有著名十二帮，其中扬帮钱庄位列第四位，钱庄股东大多都是扬州盐商。

民国二十六年（1937），扬州稽核分所与淮南运副两机构合并，改称扬州分局，下设新兴、伍佑、草堰、安梁、丰掘、余中等 6 个盐场公署和通、泰 2 个盐务支所，负责原盐生产、运输和税务。民国时期，淮南原有盐场 11 个，1931 年 2 月裁并为 6 个，1947 年又裁并为 3 个，只剩下草安、掘余和新伍三场，其晒盐工艺主要为日光蒸发式板晒和传统的煎煮之法，年产盐约为 97 万担。而淮北盐区共有板浦、中正、临兴（青口）和济南（即前面提到的七公司所辖盐场）四场，年平均产盐约为 760 余万担，平均年产量为两淮盐产的 70%，其中 1924 年竟达全国盐产总量的五分之一。

1937 年 7 月，抗日战争全面爆发，同年 12 月 14 日日寇占领扬州后，大肆烧杀抢劫，尤其对于富户更是反复搜抢。其中，汪鲁门、贾颂平、钟味蚪等几家大盐商损失特别惨重，各家均遭到了日军十几次搜抢。后来，国民党两淮盐务管理局奉命由扬州西撤河南信阳，之后又移至汉口办公，只在板浦盐场留设驻板办事处，办理抢运及疏散场盐工作，并统管盐区所有机关，直到 1940 年国民党两淮盐务管理局才从大后方复迁淮南盐区的启东县恢复办公。

与沦陷区广大灶民在日伪统治下无法生存不同，在苏中地区盐场，情况则是另外一番模样。民国二十九年（1940）10 月，黄桥决战打开局面后，苏中大部分地区已被新四军控制，并于 1941 年 2 月接管国民党两淮盐务管理局，仍称两淮盐务管理局，直属苏中行署财委领导。同时，沿海各盐场也全部归属两淮盐务管理局统一领导，在中国共产党的领导下，努力增产原盐，保证了根据地的军政供给，为华中地区的抗敌斗争做出了重大贡献。

民国三十四年（1945）8 月 15 日，日本侵略者宣布无条件投降。同年 9 月，国民政府苏南盐务管理局在上海成立，并于扬州设立淮南分局，隶属国民政府财政部盐政总局；12 月，驻扬州的淮南分局改组为苏南盐务管理局；民国三十五年（1946）1 月，又改为淮南盐务管理局。

也是在 1945 年,中共华中局财经委员会决定,重新设立两淮盐务管理局,办事机构设在淮阴。民国三十六年(1947)12 月,又重新组建两淮盐务管理局并成立中共两淮盐场特区委员会。这些组织的建立,为两淮盐场的恢复生产、组织运销和武装斗争做出了积极的贡献。另外,还在扬州、新浦、张圩、陈家港等地举办盐务干校,培养了 2000 多名基层领导干部和专业技术人员。

当时,由于国民党的封锁,实际上中共两淮盐场特区委员会所控制场区只占两淮盐场的 20%—40%,计有灶民 7000 多人,船民及码头工人 4000 多人,要想供应江苏及原来的湘鄂赣皖四岸全部百姓的食盐难度很大。1947 年以后,特区实行专运专销政策,使食盐的产、供、销完全由政府统一管理,并在扬州、江都仙女庙、宝应及阜东县东坎(今属滨海县)、益林(今属阜宁县)等地设立运销办事处,通过泰州、无锡等地出运入皖、鄂,这样做,不仅克服了销盐的混乱局面,打破了敌人的封锁,而且使食盐能够有把握地出运,保证了解放区食盐得到比较充分的供应。

民国时期,私盐缉查工作比以前任何一个时候都抓得严、抓得紧,表现为机构多、人员多、卡点多。民国初年,即在两淮盐区建立缉私营队,并派兵分驻各场、查缉私盐,当时有营丁 6000 多人、场警 1000 多人。民国十六年(1927)在扬州设立淮南缉私局,将营队改为大队,计有陆兵大队 3 个、水兵大队 2 个,分别驻扎在盐城、如皋、东台。另外还设有独立三营,以两个连的兵力驻扎在仪征十二圩,其他两个连驻扎在盐城、阜宁。此外,还有场警,盐场自办、盐官监督,协同查私。民国二十一年(1932)4 月后各场队改称税警,隶属扬州缉私稽核分所管理。两年之后,扬州缉私稽核分所税警改为淮南税警局,移驻盐城,不久又与淮北税警局合并组成两淮税警局,设于板浦。民国三十四年(1945)12 月,淮南盐区于扬州、泰县、南通等地设立稽征所,于沿江主要河口分驻稽征所或查验卡。虽然如此,但由于军阀混战、各自为政、持续战争等多方面的原因,两淮盐区不仅大的有盐枭走私、小的有盐民贩私,甚至还不断出现军匪公开走私的状况。

民国三十七年（1948）11月淮海战役结束后，国民党军队全面崩溃，南京政府在扬州重新成立两淮盐务管理局，而此前的淮南盐垦总局筹备处、淮南盐区开发设计委员会等都在解放大军南下的炮声中偃旗息鼓。此后不久的民国三十八年（1949）1月，扬州城解放，中共两淮盐务管理局再次成立，各运销分局也相继建立，盐民、盐商和盐务工作者都在期盼着中华人民共和国的成立，期盼着人民从此翻身做主人的新生活！

第七章　风雨兼程　再创辉煌
——新中国建立以后的扬州盐业

　　新中国建立后,盐业资源国有化,国家对盐的产供销实行计划管理。扬州的盐业经过产品结构调整,盐的品种逐渐多样化。扬州逐步开发出"扬州盐商文化"主题的系列产品,并初步明确了以"扬州盐商历史遗迹"作为扬州市申报世界遗产的基本路径。如今,扬州盐文化正以其独特的魅力,吸引着海内外的人们去探胜、猎奇和深究。

1949 年 1 月扬州城解放,同年 3 月在扬州成立两淮盐业管理总局,不久总局迁驻上海。1950 年 10 月,中华人民共和国成立一周年的日子,中国盐业公司华东区公司扬州分公司挂牌成立,统管苏北盐业运销业务。1953 年在南京组建江苏省盐业公司,在扬州则组建扬州支公司,下设七个营业处,1955 年更名为扬州市盐业公司,各营业处分别更名为县盐业公司。

盐的购销历代均实行专卖制度,国家拥有专卖权。新中国建立后,盐业资源国有化,国家对盐的产供销实行计划管理,1957 年,国务院将盐列为国家集中管理的 38 种重大商品之一;1982 年,国务院重申盐是全国 16 个大宗商品之一,实行指令性计划;1987 年 1 月 1 日起,根据国务院、省政府通知,食盐的生产、分配和销售仍实行指令性计划,工、农、渔、牧诸业用盐实行指导性计划。江苏省对盐的分配、调拨、运销实行计划管理,由省计经委、盐业主管部门制定分配计划,省盐业公司组织实施,各地按行政区域销售供应,其他任何单位和个人不得自行购销。

1957 年到 1982 年间,扬州盐业公司先后隶属蔬菜烟酒杂货公司、糖业烟酒公司、蔬菜公司等部门。1983 年 7 月,江苏省盐业公司成立,各地盐业公司的人、财、物、产、供、销由省盐业公司领导和管理,实行条、块双重领导。扬州盐业公司承担全市人民生活和工、农、牧、渔业用盐的供应。

1988 年,江苏盐业企业深化内部改革,企业负责人实行聘任制,公司实行经理负责制。扬州盐业分公司地址为扬州市区渡江桥南西后街 47-1 号。分公司下属 9 个支公司和 1 个批发部,承担全市 900 万人口的食盐和生产行业用盐的供应。

1992 年,扬州市盐业分公司增挂"扬州市盐务管理局"牌子,明确为市政府盐业行政主管部门,行使盐政管理职能,随后各县(市)也相继增挂盐务管理局牌子。市、县盐政主管部门的主要职责是:贯彻实施国家有关盐业管理的法律、法规和政策,编制本地盐业发展规划,落实上级盐政主管部门下达的生产、销售等计划指标,查处本区域内盐业违法案件,会同有关部门管理盐业市场等。

2000 年 11 月,扬州盐业分公司正式改制为江苏省盐业集团扬州有限公司。2002 年经省集团公司批准,成立扬州盐业有限公司城区分公司,同时增挂扬州市盐务管理局直属分局牌子,行使原管辖范围内的盐政管理职能。

1988 年到 2005 年间,扬州盐业分公司(扬州盐业有限公司)和各县(市)盐业公司承担本行政区划盐的供应,各级盐业批发企业按规定领取购盐证,到指定盐场地点购盐;市、县盐业公司除了按国家规定备足储备盐外,保持足够 3 个月销量的库存,对食用盐的包装和储运,严格按《食品卫生法》执行。基层供销社、商业部门的食用盐零售单位和委托代销食盐的个体工商户,经批准同意,将食盐列为必备商品敞开供应。全市盐业系统累计购进各类盐产品 128.54 万吨,销售 128.90 万吨。

其中,1988 年到 1990 年三年间,扬州盐业分公司实行首轮三年承包经营,1988 年全市购盐 12.40 万吨、销售 12.47 万吨,实现利润 205.72 万元。随着人民生活水平逐步提高,扬州百姓结束传统的食用原盐的历史,粉精盐、粉洗盐等精制盐取代了原盐,通过调整盐产品结构,盐的品种向多样化发展,盐业部门的经济效益逐步提高。为了杜绝食盐散装造成的污染,防止病从口入,各县(市)盐业支公司均建立食盐小包装车间,采用安全塑料袋包装,分为每包 500 克和 1000 克两种规格,受到消费市场欢迎。在首轮承包期间,由于风传盐将涨价和盐源紧张,引起部分居民担心,造成时断时续的食盐抢购风。1988 年 4 月,扬州各地市场出现排队抢购食盐,继而出现抢购工业用盐,6 月至 8 月抢购情况更加严重,有些以盐为主要原料的化工企业直接到盐场购盐,每吨运费由原来的一二十元涨至四五十元,这一情况对全市盐业市场造成影响。为了保证全市食盐正常供应,从 9 月起全市城乡实行凭票定量供应办法,每人每月 500 克,在 11 月腌菜季节增加每人 500 克,并可将 12 月的计划提前购买,以缓解食盐供应紧张状况。随着盐的供应情况好转,盐票使用至 1989 年 10 月取消。1990 年上半年,江都县发生三次抢购食盐风,9 月、10 月间,高邮、江都等地又刮起抢购食盐风,盐业部门组织货源增加供应后,抢购风迅速平息。

1991 年到 1995 年扬州盐业部门购销稳步增长。1991 年至 1993 年是扬州盐业分公司第二轮三年承包经营期,根据全市盐业市场情况,分公司调整"八五"盐业规划和承包期的主要经营指标,内抓企业基础管理,外抓盐的购销调存业务,稳定城乡市场供应,同时拓宽门路,开展多种经营,寻求第三产业发展。1991 年 7 月,扬州遭受特大洪涝灾害,扬州部分储存的商品盐被淹,全市盐业系统组织抗灾自救,同时将国家支援江苏分配给扬州的 2400 吨到港口的食盐及时装运,保证市场销售,各盐业支公司延长营业时间,加班生产小包装食盐,对重点受灾乡镇送货上门,保证灾民有盐吃,迅速稳定市场。这一年,扬州盐业分公司获得全省盐业系统集体一等功。三年承包期间全市食盐和工业用盐的购进、销售和利润都超额完成年度计划。1994 年 4 月,全省食盐价格改革,适当提高盐价,全市盐业系统做好食盐调价的各项准备工作,保证调价措施顺利出台。1995 年,全市协业系统加强企业管理,挖掘内部潜力,加大基础设施投入,提前完成"八五"计划目标,五年共完成固定资产投入 1291.66 万元,实现利润 3178.19 万元,上交国家和省公司税利 2429.6 万元,职工年收入人均近 1 万元。

1996 年,扬州行政区划调整,扬州盐业分公司的供应区划从 1997 年 1 月起相应调整,供应范围为扬州、江都、高邮、宝应、仪征五地。扬州盐业分公司根据国务院 1996 年颁布实施的《食盐专营办法》、省盐业公司制定的"三年解困,五年达小康"的发展目标以及"跳出盐业,发展盐业"的思路,立足主营,开拓副营,发展第三产业,一方面投入资金,加强经营设施的修建改造,完善硬件设施,一方面抢市场、抓管理,稳定盐业市场,全市盐的销售有所上升,1997 年全市销售 4.6 万吨,其中食盐 3.08 万吨、工业盐 1.52 万吨,完成利润 507.59 万元。1998 年,市盐业部门调整盐的品种结构,实施名品、优品、新品战略,推广海精盐的复合包装,把盐质好、品位高的食用盐推向市场,拉动盐业销售增长,全年销售 4.8 万吨,比上年增长 4.3%,实现利润 630.07 万元,增长 24.1%。1999 年,盐业部门开展创建"五好批发企业"活动,实行食盐配送制,确保食盐供应不断档,取得良好社会效益,江都盐业支公司被评为全省五好批发企业,成为苏中、苏北地区仓储管理的标兵。2000 年初,市盐业分公司提出"三加强、三提高、三保证"的经营工作要求,即"加强盐政管理网络建设,提高复合膜包装的市场占有率,保证社会效益;加强营销网络建设,提高服务质量,保证食盐市场份额;加强宣传网络建设,提高宣传频率,增强群众食用碘盐的自觉性,保证新品盐的市场销售份额"。加大基础设施投入,扬州盐业批发部新建一幢 1000 平方米的碘盐原料仓库,分公司投资 198 万元将宝应县碘盐仓库整体搬迁。全市实现年销售盐 4.4 万吨,其中小包装盐 2.45 万吨,实现利润 794 万元,均超额完成年度计划。同年 11 月 21 日,扬州盐业分公司正式改制挂牌"江苏省盐业集团扬州有限公司"。进入 21 世纪以来,扬州盐业购销稳定发展。扬州盐业系统围绕建立现代企业运行模式,完善盐业营销网络,加强全市盐业市场供应和服务工作,优化食盐产品结构,盐业购销平稳增加。2001 年以精制海盐销售为重点,强调绿色环保消费,提升商品层次,实施从超市到零售点、从城市到乡镇联动销售方式,全市销售精制海盐 1.67 万吨,占小包装盐的 64.7%。2002 年 3 月,向市场推出纸塑小包装食盐,这种包装易于分解、有利环保和食品安全,销量逐月上升,成为食盐产品中的主打产品,全年销售小包装盐 2.53 万吨;同时开拓品种盐市场,各种生活用盐、保健用盐推向市场,盐产品更加丰富。结合扬州消费文化特色,开拓以沐浴盐为主的洗涤用盐市场,满足不同消费层次需要。

尤其要提到 2003 年全国防范"非典型肺炎"期间,扬州盐业市场发生的小故事。当时,由于有人听信传言,以为补碘能够预防"非典",扬州市区的一些居民开始盲目抢购碘盐。事实上,非典型肺炎是相对典型肺炎而言的,典型肺炎是由细菌引起的肺炎或支气管炎,非典型肺炎是一类疾病,它是由衣原体支原体军团菌等一系列病原体引起的肺炎。其中引起这一次传染性非典型肺炎的病毒就是由冠状病毒的变异株引起的肺炎,也就是 SARS 病毒引起的肺炎。而碘盐是在食盐中加入了碘元素,其目的是为了防止碘缺乏病,这三个是互不相干的概念,碘盐是不能预防传染性非典型肺炎的,它在防治"非典"方面没有任何作用。因此,市盐业部门在做好宣传的同时,会同物价、工商等部门对哄抬盐价、扰乱市场的违法行为严肃查处,稳定市场秩序,保证正常的市场供应。

2004 年,扬州盐业有限公司组织人员编写具有地方特点的《全面预算管理手册》,对公司管理工作进行全面规范,受到省公司肯定。2005 年,认真组织"特许经销合同"和"买卖合同"的签订与落实,全公司共签订"特许经销合同"45 份,年销售量达 2.26 万吨;签订"买卖合同"120 份(所签客户年用盐量在 20 吨以上),年销量 1.79 万吨,两种合同所签用户的供应总量占全公司年销售计划 94.2%,基本实现盐业市场供求关系契约化、规范化、程序化,掌握市场销售的主动权。全年全市购进盐 4.89 万吨,销售 4.29 万吨,其中销售工业盐 1.03 万吨、食盐 3.26 万吨。食盐产品结构化,品种丰富,主要有日晒盐、粉洗盐、粉精盐、碘矿盐、颗粒盐、低钠盐、钙盐、锌盐、硒盐、雪花盐等,全年销售复合膜、纸塑小包装食盐产品 1.7 万吨,全市人均消费新一代小包装盐 4.7公斤,销售水平位于全省前列。

扬州盐政部门每年开展专项整治行动,加大对不法分子贩卖私盐、劣质盐的打击力度,市、县盐务管理部门面对复杂的市场环境和私盐活动比较频繁的现实状况,采取多种措施,加大盐政管理和缉私力度,及时打击私盐、劣质盐等冲击食盐市场的违法行为,净化盐业市场,维护食盐专营地位,取得明显成效,全市形成了"居民食用合格盐、工厂使用正规盐、商店出售区划盐"的盐业市场环境。

上世纪末,扬州文化兴起了一个新的兴趣点和增长点,那就是"扬州盐商文化"主题的系列产品。无论是旅游业,还是出版业,从著名园林到偏僻小巷,从学术专著到通俗读物,在"古为今用"、"推陈出新"理念和"化腐朽为神奇"原则的指导下,通过深层次的挖掘,既重修复建了汪氏小苑、南河下盐商住宅群、"双东"历史街区等与扬州盐商相关的老景点,又出版了一大批如《两淮盐商》、《风雨豪门》、《盐商与扬州》、《落日辉煌话扬州》、《扬州盐商建筑》、《盐都十二圩》等研究扬州盐业文化的学术专著,扬州盐业历史以文化为载体得以延展伸长,扬州盐业文化在"存其精华、剔其糟粕"后得到发扬光大。

2006 年起,随着国家文物局将瘦西湖及扬州历史城区列入了中国申报世界文化遗产预备名单,扬州城申报世界文化遗产的工作逐步走向深入,经过瘦西湖及扬州历史城区申遗办与中国建筑设计研究院历史研究所商定,初步明确以"扬州盐商历史遗迹"作为扬州市申遗基本路径——扬州盐文化史又掀开了一个新的篇章。2009 年 12 月 10 日,扬州市申遗办与中国建筑设计研究院历史研究所,就编制《扬州申遗文本》和《扬州申遗项目保护管理规划纲要》达成协议,正式签约。

按照联合国教科文组织于 1972 年 10 月在巴黎举行第十七届会议上通过的《世界文化和自然遗产保护公约》中明确的定义,文化遗产必须是"从历史、艺术或科学角度看在建筑式样分布均匀或与环境景色结合方面具有突出的普遍价值的单立或连接的建筑群",或是"从历史、审美、人种学或人类学角度看具有突出的普遍价值的人类工程或自然与人联合工程以及考古遗址等地方",或是"能为一种已消逝的文明或文化传统提供一种独特的至少是特殊的见证"。那么,在扬州市区目前到底有哪些符合这些条件的"扬州盐商历史遗迹"呢?

一般来说,目前扬州所保存下来的扬州盐商历史遗迹,可以分为三种类型的建筑,即盐商住宅建筑、盐商会馆建筑和盐商文化建筑。它们大部分都建于清末民初,历史最久的为位于东关街的个园,形成于明末,重修时间距今也已有200多年的历史;晚期的盐商建筑则以青莲巷19号的周扶久住宅为代表。其中既有传统中式建筑,又有西式现代洋楼,具有中西合璧的特点,这是扬州盐商建筑的重要特征。而且,扬州盐商建筑的建筑风格多受安徽、山西和苏州三地的影响,不少还因为与北京皇家联系紧密而显得霸气十足。整个建筑造屋少则几十间,多则上百间,占地面积达到数千甚至上万平方米;以规整严谨的院落式为单元组群布局,体量宏大,气势恢弘,宛如城郭。

第一种即扬州盐商住宅建筑。

扬州老城区城南的南河下及周边一带,是清末民初扬州盐商住宅最为集中的地方。现存南河下 26 号的盐商包松溪和盐商周静成住宅、84 号到 88 号的盐枭徐宝山住宅、118 号的盐商廖可亭住宅、170 号的盐商汪鲁门住宅,以及丁家湾 88 号到 102 号的盐商许榕楫住宅,大武城巷 1 号到 5 号的盐商贾颂平的老宅,新仓巷的魏源用经营票盐获利所构之絜园,青莲巷 19

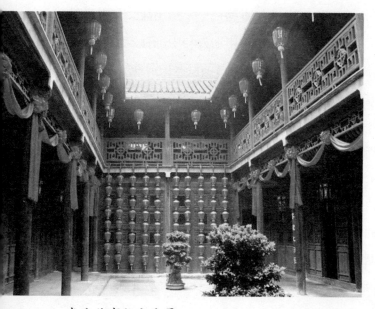

号的盐商周扶九的小洋楼,引市街 31 号的盐商方尔咸住宅,引市街 84 号的盐枭徐宝山住宅(即"祇陀林"佛堂)、引市街巴总门的盐商巴慰祖住宅,康山街盐商卢绍绪住宅和盐商魏仲蕃住宅,还有国庆路 340 号到 346 号的诸青山老宅等等,加起来远远超过十处。特

卢氏盐商住宅内景

别是卢绍绪住宅已成为康山文化园的代表景点之一,从外表看古宅青砖黛瓦与一般住宅无异,但置身其中,一种"藏富不露"的恢宏之气扑面而来。置身其中,淮海厅、兰馨厅、涵碧厅、怡情楼,厅厅相连,气派非凡;漫步宅内,从第一进到第四进,天井两侧分布着小型花园,假山、花草,布局风格各异,构思精巧;深入后院,意园里盔顶六角亭、石船舫、水池等相映成趣。

而东关街、东圈门的"双东街区",则是清代到民国时期扬州盐商住宅在扬州老城区里的又一个比较集中的地方。最为著名的一处是东关街上盐商

汪氏小苑内"遗斋"六角门

黄至筠住宅,即被誉为"中国四大名园"之一的个园;一处是东圈门内盐商汪竹铭的住宅,也就是大名鼎鼎的"汪氏小苑"。而韦家井16号是马氏兄弟街南书屋仅存的南大门,稍稍向西,则是盐商华友梅的故居,地官第12号的丁氏盐商住宅,东圈门内壶园是晚清盐商何莲舫的家园,东关街、东圈门之间的斗鸡场4号是盐商华友梅住宅。

在扬州老城区的其他地方,还有永胜街的盐商魏次庚老宅,粉妆巷19号的盐商刘敏斋故居,广陵路190号的盐商毛升和的故居,广陵路272号到276号的盐商刘景德住宅,石牌楼7号的盐商许公澍住宅等。

第二种是扬州盐商会馆建筑。

位于扬州老城区南河下68号和170号的湖南会馆和湖北会馆,丁家湾118号的四岸公所,广陵路290号的淮南公局,新仓巷4号到16号的岭南会馆,达士巷54号的浙绍会馆,彩衣街90号到94号的旌德会馆,以及东关街250号到400号的山陕会馆和盐务会馆,是现存房屋较为完整的扬州盐商会馆建筑。

湖南会馆

第三种则是扬州盐商文化建筑。

在古城扬州，至今还保留着许多由扬州盐商当年兴建的包括庙宇祠堂、亭台楼阁、假山叠石、虹桥白塔、书院园林等文化建筑的遗存。其中，前面我们已经提及的闻名全国的五亭桥、白塔、徐园和文昌阁，以及同样位于瘦西湖内的大虹桥、熙春台、静香书屋、四桥烟雨楼等，还有位于康山街 20 号的盐宗庙，以及广陵路 248 号的梅花书院、广陵路 263 号的二分明月楼和文昌中路南北相对的萃园和珍园等。它们已经不仅仅是作为一座座古代建筑而存在，由于附着了丰富多彩的扬州盐业文化元素，今天，它们已经成为扬州和扬州文化的象征和代表，传扬到更加广阔的地域、更加众多的人群。

二分明月楼

今天，每当我们从这些历史遗迹面前经过时，回眸细看，不禁会在心中自问：与扬州古城同龄、具有 2500 年历史的扬州盐业，不都是包含在这些看似寻常的古代建筑之中吗？

期待 2014 年，当扬州古城城庆 2500 周年的时候，在世界文化遗产保护名录之中，将增添一个"扬州盐商建筑遗迹"的新名字。从那以后，我们的后人将会说，扬州盐业历史在这一个历史的节点，再度呈现出其别样的辉煌。

主要参考书目

［1］佶山修，单渠纂，方浚颐续纂．嘉庆两淮盐法志．清同治九年（1870）扬州书局重刻本

［2］王安定等纂修．光绪两淮盐法志．清光绪三十一年（1905）刻本

［3］朱怀干修，盛仪纂．嘉靖惟扬志．嘉靖二十一年（1542）刻本（残本）

［4］金镇纂修．康熙扬州府志．康熙十四年（1675）刻本

［5］乾隆江都县志，嘉庆江都县志［G］//中国地方志集成：江苏府县志辑66．南京：江苏古籍出版社，1991.

［6］阿克当阿修．嘉庆重修扬州府志［M］．扬州：广陵书社，2006.

［7］姚文田著．广陵事略［M］．扬州：广陵书社，2003.

［8］汪中著．广陵通典［M］．扬州：广陵书社，2004.

［9］顾銮著．广陵览古［M］．扬州：广陵书社，2005.

［10］阮元撰．广陵诗事［M］．扬州：广陵书社，2005.

［11］李斗著．扬州画舫录［M］．济南：山东友谊出版社，2001.

［12］焦循著．邗记［M］．扬州：广陵书社，2003.

［13］曾仰丰著．中国盐政史［M］．北京：商务印书馆，1998.

［14］郭正忠主编．中国盐业史（古代编）［M］．北京：人民出版社，1997.

［15］安作璋主编．中国运河文化史［M］．济南：山东教育出版社，2001.

［16］《江苏盐业史略》编写组编．江苏盐业史略［M］．南京：江苏人民出版社，1988.

［17］《江苏盐业史》编写组编．江苏盐业史［M］．南京：江苏人民出版社，1992.

［18］郭正忠著．宋代盐业经济史 M．北京：人民出版社，1990.

［19］戴裔煊著．宋代钞盐制度研究［M］．北京：中华书局，1981.

［20］张小也著.清代私盐问题研究［M］.北京：社会科学文献出版社，2001.

［21］张海鹏，张海瀛主编.中国十大商帮［M］.合肥：黄山书社，1993.

［22］葛贤慧，张正明著.明清山西商人研究［M］.香港：香港欧亚经济出版社，1992.

［23］赵毅著.明清史抉微［M］.长春：吉林人民出版社，2008.

［24］陈大康著.明代商贾与世风［M］.上海：上海文艺出版社，1996.

［25］王振忠著.明清徽商与淮扬社会变迁［M］.北京：三联书店，1996.

［26］《江淮论坛》编辑部编.徽商研究论文集［C］.合肥：安徽人民出版社，1985.

［27］张海鹏，王廷元主编.徽商研究［M］.合肥：安徽人民出版社，1995.

［28］张正明著.晋商兴衰史［M］.第2版.太原：山西古籍出版社，2001.

［29］王瑜，朱正海主编.盐商与扬州［M］.南京：江苏古籍出版社，2001.

［30］韦明铧著.两淮盐商［M］.福州：福建人民出版社，1999.

［31］韦明铧著.风雨豪门：扬州盐商大宅院［M］.扬州：广陵书社，2003.

［32］马恒宝主编.扬州盐商建筑［M］.扬州：广陵书社，2007.

［33］王瑜主编.历代名人与扬州［M］.合肥：黄山书社，1993.

［34］薛平，朱宗宙等著.滨江名镇：盐都十二圩［M］.扬州：广陵书社，2007.

［35］吴子辉著.扬州建置笔谈［M］.南京：江苏古籍出版社，2002.

［36］李廷先著.唐代扬州史考［M］.南京：江苏古籍出版社，2002.

［37］马立诚著.历史的拐点：中国历朝改革变法实录［M］.杭州：浙江人民出版社，2008.

［38］白九江著.巴盐与盐巴：三峡古代盐业［M］.重庆：重庆出版社，

2007.

　　［39］王仁湘,张征雁著．中国滋味:盐与文明［M］.沈阳:辽宁人民出版
社,2007.

　　［40］吴树建主编．东方盐文化论丛(上、下)［M］.香港:中国文化出版
社,2008.

后 记

　　《扬州盐业史话》这本书的作者原本应该是朱宗宙教授,但由于他年事渐高、目力不济,加之文联曹永森主席有奖掖后学、提携晚进之美意,此书的撰写工作便落到了我的身上。

　　在以往出版的书籍中,有专题谈扬州盐商的,也有专门记录盐商住宅的,还有谈盐商与扬州的关系的,但是,以通史的形式来反映两千多年扬州盐业历史的书籍,以前似乎并不多见。为了能够更加完整、更加全面地反映扬州盐业历史,我以之前出版的相关书籍、杂志为线索,努力从古籍、地方志中钩沉发现,结合现存的盐商住宅、园林等建筑和全国对于扬州盐业历史最新的研究发现,并按照本套丛书的统一要求,用较为通俗的语言诉诸文字,形成了这十几万字薄薄的一册。

　　本书创作过程中,朱宗宙、韦明铧二位老师多次主动关心,给予悉心、细致的指导,并提供了大量的相关书籍、资料;扬州图书馆蒋红、胡云等为古籍资料查阅提供极大方便;扬州盐业公司办公室张蕊主任帮助提供新中国成立后扬州盐业相关资料;盐城中国海盐博物馆给予参观、拍摄等帮助;还有家人的全力支持,终于使得本书在规定时间内拿出了初稿。

　　于惴惴中交出一份作业,不足之处在所难免,期待得到方家和广大读者的批评指正。

王自立

2010 年 6 月 23 日于扬州